KB097084

# 대형교회와 웰빙보수주의

# 대형교회와 웰빙보수주의

**초판 1쇄 펴낸날**  2020년 7월 21일
**지은이**  김진호
**펴낸이**  박재영
**편집**  이정신·임세현·한의영
**마케팅**  김민수
**디자인**  조하늘
**제작**  제이오
**펴낸곳**  도서출판 오월의봄
**주소**  경기도 파주시 회동길 363-15 201호
**등록**  제406-2010-000111호
**전화**  070-7704-2131
**팩스**  0505-300-0518
**이메일**  maybook05@naver.com
**트위터**  @oohbom
**블로그**  blog.naver.com/maybook05
**페이스북**  facebook.com/maybook05
**인스타그램**  instagram.com/maybooks_05

**ISBN**  979-11-90422-41-3  03300

이 도서의 국립중앙도서관 출판시도서목록(CIP)은 e-CIP홈페이지(http://nl.go.kr/ecip)와
국가자료공동목록시스템(http://www.nl.go.kr/kolisnet)에서 이용하실 수 있습니다.
(CIP 제어번호 : CIP2020028824)

책값은 뒤표지에 있습니다. 잘못된 책은 바꾸어 드립니다.

**만든 사람들**
**교정교열**  황인석
**디자인**  조하늘

# 대형교회와 웰빙보수주의

## 새로운 우파의 탄생

김진호 지음

오월의봄

# 차례

# 1장

# 책머리

### 한국의 대형교회를 보는 두 가지 키워드:
### 극우주의, 웰빙보수주의

한국의 대형교회 현상을 읽는 데서 가장 핵심적인 키워드를 꼽자면 '극우주의'와 '웰빙보수주의'를 들 수 있다. 나는 '극우주의'를, 문화 현상으로서 혐오(주의)의 정치화된 양식이라고 규정하고자 한다. 즉 혐오 감정과 결합된 사회정치 담론과 제도 양식을 뜻한다. 마찬가지로 '웰빙보수주의'는, 다음 단락에서 더 얘기하겠지만, 문화 현상으로서 웰빙의 정치화된 담론과 제도 양식이다. 이런 규정에 따르면 '개신교 극우주의'는 한국 근대국가가 형성되기 시작한 1940년대 중반~1950년대의 사회정치 지형에서 결정적인 역할을 했다.♦

한편 2000년대 신자유주의가 불러일으킨 극심한 사회 불안과 결합하여 전 지구적으로 현저히 강화되고 있는 극우주의 현상은 한국에서도 예외 없이 나타났고, 그 결과 극우적 성격이 강한 박근혜 정권이 탄생했다. 하지만 박근혜 정권의 급격한 와해로 대변되는 최근의 사회정치 지형은 한국에서 극우주의의 구심력이 치명적으로 붕괴되고 있음을 보여준다.

개신교의 경우에는 그런 위기가 좀 더 일찍 나타났다. 이미 1990년대 중반부터 개신교의 신망도와 영향력이 급격히 감쇠했다. 여전히 개신교 극우주의자들은 한국 교회에서 강력한 세력을 형성하고 있고 사회적으로도 막강한 위력을 갖고 있지만, 동시에 가장 공격적인 안티 운동의 과녁이 되고 있으며, 전 사회적으로 적폐 집단으로 낙인찍혀 고립된 섬이 되어버렸다.

반면, 두 번째 키워드인 웰빙보수주의 현상은 최근 한국 개신교의 변화를 주도하는 새로운 양상으로 부상하고 있다. 그런 점에서 오늘의 한국 개신교를 이해하고자 할 때 쇠락을 거듭하고 있는 대형교회의 극우주의보다는 웰빙보수주의 현상에 더 주의를 기울일 필요가 있다.♦♦ 동시에 1940년대 중반

---

♦ 한경직이 한국 개신교의 절대 1인으로 등극하는 1955년에 한국 개신교는 전체적으로 극우주의에 견인되는 종파로 확고히 자리 잡았고, '공산주의'와 '이단'이라는 적을 증오하고 색출하며 퇴출시키는 데 총력을 다하면서 존속했다. 당시 개신교 신자는 인구 대비 1.5~2.5%에 지나지 않았지만, 극우주의적인 이승만 정권이 집권하고 10여 년간 독재체제로 존속하는 데 든든한 후원 세력으로 자리 잡기에 부족함이 없었다. 이에 대한 좀 더 자세한 논의는 〈보론 1〉에서 다루었다.

~1950년대에 개신교 극우주의가 한국 사회 형성에 지대한 영향을 미친 것처럼, 웰빙보수주의 장소로서 대형교회 현상이 오늘의 한국 사회 변화에서 중요한 의미가 있는 것으로 보인다. 바로 이 점이 이 책에서 내가 말하고자 하는 핵심 논지다.

## 대형교회와
## 웰빙보수주의

이 책은 한국 사회의 웰빙보수주의에 관한 하나의 가설적 이야기다. '웰빙well-being'이라는 용어가 한국 사회에 상륙하여 널리 회자되기 시작한 것은 2000년대 초부터지만, 그 말이 사용되기 전인 1990년대에 이미 그 양상이 빠르게 확산되었다.

한국에서 소비사회로의 전환이 일어난 것은 1980년대부터였다. 1960~1970년대의 시대정신이라 할 수 있는 '근검절약'의 가치관은 1980년대에 이르면 사람들의 생각에서 사라져갔고, 소비가 크게 진작되었다. 특히 내구소비재 산업은 그

---

✦✦ 1990년대 중반 이후 웰빙보수주의적 개신교 분파는 성공 추세에 있고 극우주의적 개신교 분파는 쇠락을 거듭하고 있다. 나는 이 책에서 후자의 패러다임을 선발대형교회라고 규정했고, 전자를 후발대형교회라고 불렀다. 한데 후발대형교회 패러다임이 약진하자, 이 새로운 패러다임에서 신앙적으로 위로받지 못하는 이들이 재결속하여 여러 유형의 종교사회적 현상을 일으키고 있는데, 이 책의 〈보론 2〉는 '전광훈 현상'을, 〈보론 3〉은 '신천지 현상'을 이런 관점에서 읽고 있다.

야말로 수직 상승의 궤적을 그리며 크게 확장했다.

그런데 1990년대에 이르러 소비의 급격한 증가세가 둔화되어 완만한 그래프의 궤적으로 바뀌었다. 그것은 경제 호황이 끝나고 저성장 사회로 전환되던 시기가 1990년대이기 때문이기도 하지만, '품격 있는 라이프스타일'이란 어떤 것인가에 대한 물음이 1990년대 어간부터 중상위계층 일각에서 제기되기 시작한 것도 그 한 이유가 될 법하다. 소비 패턴에 대한 연구들에 의하면 1990년대 어간부터 '필요'보다는 '가치'나 '이미지'를 중시하는 소비가 확산되었는데, 그것을 주도한 것이 중상위계층이었다. 물론 동시대 중상위계층의 다른 일각에서는 과시적 소비 행각이 만연했다. 반면 중하위계층에서는 점점 과시적 소비가 어려워졌다. 소득 불평등이 빠르게 악화되고 있었기 때문이다.

여기서 1990년대의 소비사회적 양상에 대하여 다음의 두 가지 추론이 가능하다. 첫 번째는 과시적 소비를 문제시하고 품격 있는 소비를 지향하려는 흐름은 중하위계층보다 중상위계층이 주도했다는 것이고, 두 번째는 중상위계층의 소비 패턴이 '과시적 소비'와 '품격 있는 소비'로 양극화되었다는 것이다. 나는 2000년대에 수입된 '웰빙'이라는 용어가 한국 사회에서 빠르게 정착하게 된 것은 1990년대에 중상위계층 중심의 품격 있는 소비 현상이 확고히 자리 잡고 있었기 때문이라고 본다. 바로 이 점이 전 지구적 문화 이데올로기를 등에 업고 한국에 상륙한 웰빙 개념과 만남으로써, 문화가 주도하는 계급 현상으로서 웰빙적 계급 이데올로기가 본격적으로 출현하게 된 것이다. 그런 의미에서 나는 웰빙을 주목한다.

웰빙은 다양한 방식의 라이프스타일로 구현된다. 그것을 범주화하는 방식은 다양하겠지만 나는 '보수'와 '진보'라는 정치 중심의 전통적 이념 범주와 연결시켜보려 한다. 이 책이 웰빙 현상의 정치성에 주목하기 때문이다. 그렇게 본다면 웰빙 현상은 '웰빙+보수주의'와 '웰빙+진보주의'로 양분될 수 있다. 한데 한국에서 중상위계층은 서울의 강남·강동·분당 지역(이하 '강남권'이라고 부르겠다)에 밀집되어 있다. 물론 중상위계층이 밀집된 다른 지역이 없지는 않다. 하지만 넓은 지역에 많은 이들이 모여 있다는 점에서 강남권에 비할 곳은 없다.

한편 강남권은 정치적으로 보수주의와 매우 친화적이다. 나는 강남권의 웰빙층도 보수주의 성향이 강할 것으로 추정한다. 즉 웰빙보수주의가 웰빙진보주의보다 훨씬 더 지배적인 현상이라는 것이다.

왜 보수주의가 더 강할까. 내가 이 책에서 주장하는 바에 의하면, 그것은 웰빙 담론이 형성되고 소통되는 가장 중요한 장소가 대형교회이기 때문이라고 본다. 대형교회는 한국 사회의 대표적인 보수주의의 아성이다. 그런데 그곳에서 웰빙적인 문화 실천이 일어나고 있다는 사실은 웰빙적 실천이 보수주의적 정치성과 결합될 가능성이 매우 크다는 것을 뜻한다. 하여 이 책에서는 대형교회와 웰빙 현상, 그리고 보수주의에 대한 가설적 문제제기를 시도해보려 한다.

# 선발대형교회와
# 후발대형교회

대형교회로 번역되는 '메가처치Megachurch'는 미국적 개념인데, 이는 전적으로 양적 크기에 관한 분류법이다. 일요일 대예배에 출석한 성인 신자가 2,000명 이상인 교회를 가리킨다. 최근에는 대형교회로의 신자 집중 현상이 더 심화함에 따라 간혹 그 기준을 상향 조정해 3,000명 이상이라고 말하는 경우도 있다. 또 1만 명 이상인 교회를 별도로 정의하여 '기가처치Gigachurch'라는 용어를 쓰기도 한다. 한국어로는 메가처치와 기가처치를 각각 '대형교회'와 '초대형교회'로 번역하고 있다. 한데 나는 이 책에서 대형교회와 초대형교회를 굳이 나누지 않고 '대형교회'로 통칭할 것이고, 그리 중요하지는 않지만 그 기준선을 2,000명으로 할 것이다.♦

한국에서 대형교회는 대략 900개소에 달하는 것으로 추산된다. 이는 여의도순복음교회 부설 교회성장연구소가 2004~2005년 약 1,000개의 교회에 질의하여 집계한 대형교회 비율 1.7%에서 추산한 수치다(《한국교회 경쟁력 보고서》, 교회

---

♦ 일부 대형교회는 주일 예배 참석자 통계를 공개하는 경우가 있지만, 대부분의 교회는 공지하지 않는다. 또 일부 교회는 전체 교인 수가 어느 정도인지 밝히는데, 그 수는 교적에 등록된 신자일 경우도 있고 개략적인 어림수일 경우도 있다. 그러므로 전체 교인 수에서 일요일 예배 참석자를 추산하기는 쉽지 않다. 이 책은 대형교회임이 명료한 교회들을 대상으로 조사한 결과에 따른 것이다.

1973년 여의도에 완공된 순복음중앙교회 전경. 1984년에 지금의
여의도순복음교회로 이름을 바꾸었고, 한때 신자 수가 80여만 명에 달했다고 한다.
신자 수가 2,000명이 넘는 교회를 대형교회라고 하는데,
한국에서 그 수는 900개소에 달하는 것으로 추산된다. ©국가기록원

성장연구소, 2006). 미국은 대형교회가 세계에서 가장 많은 나라
이지만 그 비율은 0.005~0.007%(1,200~1,500개소 정도)에 지나
지 않는다. 즉 한국 대형교회의 비율이 미국보다 300배 정도
나 높다.

그런데 이런 양적 개념 뒤에 함축된 영향 관계를 주목하
면 한국 개신교에서 대형교회의 의미는 더욱 막대하다는 결
론에 이른다. 중소형교회가 전체의 98.3%인데도, 거의 모든

교회가 대형교회를 선망하며 모방한다. 대형교회 목회사역자는 각 교단에서 교단정치의 핵이며 교회 연합기관들에서도 압도적인 영향력을 갖고 있다. 하여 목사의 위상은 그가 사역하는 교회의 크기에 비례하는 경향이 있다. 또 대형교회 담임목사의 리더십 스타일은 거의 모든 목사들의 사역 표준이 되고, 대부분 교회의 예배 양식이나 기타 프로그램 및 담론 등도 대형교회의 모범을 따르고 있다. 뿐만 아니라 한국 사회가 한국 교회를 바라보는 시선도 대형교회에 초점이 맞춰져 있다.

요컨대 한국에서 대형교회는 한국 개신교를 과잉 대표한다고 해도 과언이 아니다. 그리고 이런 현상은 사회 전반에서 규모의 정치가 점점 중요하게 된 1990년대 이후 한결 강화되고 있는 것으로 보인다. 그런 점에서 나는 이 책에서 한국의 대형교회를 주목하는 것이다.

그런데 이런 양적 개념만으로 한국의 대형교회를 설명하는 것은 충분치 않다. 하여 여성 신학자 구미정은 대형교회를 '지역'이라는 준거에 따라 두 가지로 구분하여 '강남형 대형교회'와 '강북형 대형교회'라고 명명한 바 있다. 또 사회학 연구자인 서우석은 계층 변수를 활용하여 '중산층 대형교회'와 '혼합계층 대형교회'로 나누어 설명했다. 이 두 학자의 분류법은 표현은 다르지만 같은 문제의식을 담고 있다. 알다시피 한국 사회에서 강남권은 압도적으로 특정 계층이 집중되어 있기 때문이다. 이 두 학자의 분류법은 공시적 분류법이라는 점에서 비슷하다.

한데 이런 분류법의 한계는 두 범주의 대형교회가 급격한 성장을 이루던 시기가 대체로 다르다는 점을 간과하고 있다는 데 있다. 이들이 사용한 용어에서는 대형교회의 두 가지 다른 범주의 성장사에 얽힌 시간적 차이를 감지할 수 없다.

나는 그 시간적 차이를 읽는 기준선을 1995년 어간으로 보고자 한다. 1995년을 기준점으로 잡은 것은, 개신교 신자 수가 정체/감소 추세로 변환된 때가 바로 그 어간부터인데, 그것이 대형교회의 내적 분화에 중요한 요소가 된다고 보기 때문이다. 개신교 인구가 증가하던 시절 탄생한 대형교회는 새 신자의 유입이 중요한 변수였지만, 개신교 인구 정체/감소 시대에 등장한 대형교회는 수평이동신자의 유입이 더욱 중요한 변수가 되었다. 새 신자가 담임목사에 대한 의존성이 강한 존재라면, 수평이동신자는 마치 상품을 구매하듯 교회를 선택하는 자라는 점에서, 목사에 대한 의존성이 훨씬 낮을 수밖에 없다. 한데 새 신자 중심의 대형교회들은 전국의 대도시에 분산되어 있는 반면, 수평이동신자가 유입되어 대형교회가 된 교회들은 강남권에 집중되어 있다. 그리고 새 신자는 시골에서 도시로 이주한 이농민들이 많았는데, 수평이동신자는 주로 비강남 지역에서 강남권으로 이주한 이들이다. 그들은 학력도 더 높고 자산도 더 많으며 상징자본도 더 많이 가진 이들이다. 전자는 주로 1995년 어간 이전에 대형교회로 성장했고, 후자는 주로 그 이후에 성장한 교회들이다. 이러한 차이가 대형교회를 두 가지 범주로 나누는 데 유의미한 조건이 되지 않았을까? 이 책은 바로 이러한 문제의식을 출발점으로 해서 후발대형교회에 관해 이야기할 것이다.

여기서 1995년 어간이라는 시간성에 대해 한 가지 언급하자면, 그 무렵 한국 사회는 디지털 환경으로 급격한 변화가 진행되면서 지식기반사회가 본격적으로 펼쳐지기 시작했다. 이것에 대해서는 수없이 많은 해석이 가능한데 그중 한 가지만 언급하면, 그 이전에는 이사나 결혼 등이 사회 유동성의 주된 요인이었던 반면, 이후에는 신념이나 취향의 선택과 맞물린 '경계 넘기'가 더 활발해졌다는 점이 주목된다. 그것은 개신교 신자들에게도 마찬가지다. 즉 신념이나 취향의 차이를 더 예민하게 느끼면서 속했던 교회를 떠나 이곳저곳 물색하며 떠도는 이가 크게 늘었고, 그중 상당수가 특정 교회로 정착하면서 새로운 대형교회가 탄생하게 되었다는 얘기다.

하여 나는 이 기준선을 중심으로 해서 이후에 급성장한 대형교회 유형을 '후발대형교회'라고 부른다. 물론 1990년대 중반 이후에 대형교회로 성장한 모든 교회가 후발대형교회라는 얘기는 아니다. 마찬가지로 그 이전의 모든 교회를 '선발대형교회'라고 하는 것도 아니다. 그보다는 그 이후의 교회들이 후발대형교회 성격을 더 강하게 갖는다고 하는 게 적절한 표현일 것이다. 하지만 이것도 충분한 설명이 못 된다. 어떤 교회는 1990년대 중반 이전에 이미 대형교회로 성장했지만 담임목사의 세대교체 같은 주요 변수와 맞물리면서 후발대형교회 성격이 강한 교회로 변화했다고 해석될 만한 경우도 있고,

혹은 반대로 역진적 성장을 한 교회도 찾아볼 수 있다. 혹은 그런 변화 과정에 적응하지 못해 이도 저도 아닌 모습으로 추락을 거듭하는 경우도 있다. 그렇다면 이 두 유형의 교회란 어떤 특성을 말하는 것인가?

앞서 말했듯이 선발대형교회 유형의 교회들이 대대적으로 등장한 것은 개신교 교세가 급성장하던 시절이었다. 이 교회들은 새 신자의 유입이 중요한 성장 동인이었다. 특히 시골에서 도시로 이주한 이들이 도시와 그 인근 지역에 정착했는데, 그들이 대대적으로 교회로 유입되면서 빠르게 성장하는 교회들이 속출했고, 그중 상당수가 대형교회 대열에 진입하게 된 것이다.

이들 대형교회는 전국의 대도시에 산재해 있었다. 그곳에는 농촌에서 도시로 이주한 서민층이 많았기 때문이다. 그런 이들의 가장 절박한 바람은 가난과 질병에서 탈출하는 것이었는데, 그들에게 가장 강한 호소력으로 다가간 종교가 바로 개신교였다. 이때 성공한 개신교 교회는 부흥사들의 활약과 깊은 관련이 있다. 부흥사들은 대대적인 치유집회를 통해 질병에서 해방될 수 있다는 환상을 심어주었고, 그것은 예수 믿으면 부자가 될 거라는 신자 대중의 확신으로 이어졌다.

여기서 주목할 것은 자신의 교회를 대형교회로 성장시킨 목사들이다. 그들은 자신이 부흥사인 경우도 있고 부흥사를 잘 활용한 경우도 있다. 부흥사든 아니든, 중요한 것은 그들이 바로 부흥집회를 통해 집중된 대중의 일시적 관심을 영적이고 세속적인 일상적 욕망으로 전환시킨 기술자들이었다는 점이다. 실제로 이 시기 대형교회 성장에 관한 많은 연구들은 이양적 성공에서 가장 중요한 요소를 담임목사의 '카리스마적 리더십'이라고 보고 있다.

카리스마적 리더십이라는 표현은 가용 자원을 독점하고 운용하는 능력이라고 번안할 수 있다. 요컨대 교회가 발생시키는 모든 가용 자원을 성장에 집중 투여할 수 있었던 목사들의 능력이 대형교회로의 성장을 가능하게 한 핵심 동인이었다는 얘기다. 선발대형교회는 대체로 이렇게 성장했다. 담임목사의 카리스마적 리더십이 중요했고, 새 신자들은 그에 대한 절대적 신뢰와 충성심을 신앙과 동일시했다.

흥미로운 것은 이 시기에 한국 사회도 고도성장을 이룩했다는 점이다. 국가와 교회 모두 1970~1980년대 연평균 10% 정도의 높은 성장을 구가했다. 그리고 그 성장의 중심에는 절대 권력을 장악한 1인이 있었다. 그는 권위주의적 통치자로 군림했고, 대중은 사실상 그에게 정신적으로나 물질적으로 의존하는 노예적 주체였다.

한편 1990대 중반 이후 한국 사회와 교회는 공히 저성장 혹은 역성장 상황에 놓여 있었다. 한데 그런 시기에 대형교회로 부상한 교회들이 있었다. 특히 그런 교회들은 '강남권'에 집중되어 있었다. 바로 이 시기에 강남권에 집중되어 급성장했던 교회들의 유형을 나는 '후발대형교회'라고 부른다. 그리고 이 후발대형교회 유형의 교회들에서 웰빙보수주의적인 문화 실천을 읽을 수 있다는 것이 이 책의 논지다.


## '웰빙보수주의'의 정치세력화
## '계몽적 보수주의'로


2016년 4·13총선에서 뚜렷하게 드러난 결과 중 하나는 정치의 장에서 '중간 범주의 등장'이다. 1990년대 중반 이후 격화된 보수와 진보의 갈등이 정치 영역에서 양당제의 기반이 되어왔는데 시민들의 투표는 그것에 저항했다. 양당 모두 심하게 교란되었지만, 특히 거대 여당 체제를 구축하고 있던 새누리당에는 대지진이 일어났다. 그 결과가, 그 왼편과 오른편 정치세력의 강화가 아닌, 중간 범주의 뚜렷한 대두였다.

중간 범주가 정치세력으로 중요하게 부상한 첫 번째 사례는 아마도 2007년 대선 무렵일 것이다. 당시 보수 영역에는 '선진화' 세력이 무시할 수 없는 영향력을 발휘했고, 진보 영역에는 '문국현 바람'이 거세게 불었다. 또 2012년에는 우파 영역에서 경제민주화 카드가 큰 힘을 펼쳤다. 하지만 이 시도들은 보수주의 정권 아래서 철저히 무력했다.

그런데 2016년 4·13총선에서는 기성의 정치 지형을 뒤흔들 만큼 태풍 같은 바람이 불었다. 그 중심에 이른바 '안철수 현상'이 있었음은 주지의 사실이다. 안철수는 깨끗하고 똑똑하며 자본주의 사회에서 성공까지 거머쥔 '21세기형 능력자'의 이미지가 강했다. 이것이 주는 주목 효과를 충분히 활용하면서 국민의당은 '낡은 정치에 대한 거부감'을 전면에 들고 나왔다. 기성 정치세력에 반감을 갖고 있던, 그러나 정치 참여 의지가 그리 높지 않던 무색무취의 사람들 중 다수가 안철수의 정당에서 대안을 보았던 것이다.

이 선거에서 국민의당이 가장 큰 주목을 받은 것은 호남 의석의 싹쓸이(28석 중 23석)였지만, 새로운 정치 지형의 관점에서 좀 더 유의미한 현상은 비례대표 투표에서의 성과였다. 국민의당이 얻은 득표율은 26.7%로, 25.5%를 획득한 더불어민주당을 앞질렀다. 게다가 이 당의 지지자들은 지역별로는 서울과 수도권에서, 연령별로는 50대에서, 그리고 성별로는 남성에서 더 높게 나타났다. 이것은 기존 중도층의 '탈물질주의화'에 대한 연구들에서 여성이 더 많고 연령별로는 30대가 가장 많으며 50대가 가장 적다는 주장으로는 안철수 현상에 대한 충분한 설명이 될 수 없음을 의미한다. 그보다는 수도권의 중상위계층에 속하는 중년층 남성들이 안철수에게 더 큰 관심을 가졌다고 보는 것이 더 개연성이 있다.

국민의당은 지금까지 정치에 관심이 적었거나 혹은 관심이 있어도 방향을 찾지 못했던, 하여 정치적으로 무색무취의 존재처럼 보였던 이들에게 '성찰적 진보와 합리적 보수'라는 색깔을 부여했다. 이런 정치적 표현이 안철수에게서 처음 제시된 것은 아니지만, 그가 일으킨 '바람', 그것이 주는 주목 효과로 인해 이 '색깔'이 무색무취가 아닌 뚜렷한 색채의 '정치

언어'로서 회자될 수 있었다.

한데 내가 이 책에서 말하고자 하는 것은 2016년 4·13총 선에서 나타난 안철수 현상이 후발대형교회의 웰빙보수주의 자들의 최근 행보와 미묘하게 겹치고 있다는 것이다. 결론에 서 더 상세히 이야기하겠지만, 여기서 간략히 정리하면 이렇 다. 사회경제적 자본과 문화적 자본을 과점하고 있는 이들 중 개신교 신자인 상당수♦가 새로운 대형교회 현상의 주역인데, 그렇게 해서 등장한 것이 후발대형교회다. 이 현상은 '신앙의 웰빙화'와 연결되어 있는데, 그것은 단지 종교에 국한된 현상 이 아니라 삶 전체를 웰빙적으로 해석하는 데 후발대형교회 적 신앙제도가 중요한 역할을 했다는 것을 의미한다.

통상 웰빙적 삶의 방식은 전통적이거나 자본주의적인 정 실 관계에 대해 '쿨'한 태도와 관련이 있다. 그런 점에서 웰빙 은 개인주의 성향이 꽤 강한 삶의 태도라고 할 수 있다. 기성 질서에 대해 쿨한 태도를 보이지만 또한 타인에게 영향을 미 치는 데도 별다른 관심이 없다. 한데 안철수 현상에서 두드러 지게 볼 수 있듯이, 웰빙주의가 정치세력화하려는 움직임이 어느 때보다도 거세다는 것은 웰빙주의가 더 이상 '쿨'한 것이 아니라 '계몽'적 포지션을 갖고자 한다는 것을 의미할 것이다.

---

♦ 한국 사회의 파워엘리트 중 40% 정도가 개신교 신자다.

# 2020년,
## 중간 범주의 정치는 사라졌을까

2020년 4·15총선은 다양한 모든 것이 양당 체제로 흡수되는 양상을 보였다.

2월 9일, 국민의당이 '국민당'으로 개명하면서 출사표를 냈지만, 그리고 초특급 미디어 스타 진중권이 이 당의 존재 의의에 대한 정치적 언어 만들기에 일조했지만, 그 내용은 그리 새롭지 않았다. 여전히 낡은 정치의 청산이 화두다. 여기에는 진보적 정치세력이라 불리는 더불어민주당◆도 서구의 진보 정당들처럼 귀족화되어, 민중을 대변하기보다는 새로운 권력 집단을 대변하고 있다는 논리가 조금 더 강조되었다. 그럼에도 전혀 새롭지 않다. 그런 논지를 조국 전 법무부 장관이 명확하게 뒷받침하고 있다는 주장은, 재판이 진행 중인 현재로서는 아직 단언할 수 없지만, 다분히 정치검찰의 농간이 일으킨 착시라고 하는 게 타당할 것 같다. 그를 절대 청렴의 상징처럼 보았던 대중적 이미지는 깨져야 마땅하지만, 정치검찰과 언론이 부과한 부패의 상징이라는 프레임 또한 지나친 확대해석으로 보인다. 아무튼 조국이 그런 것처럼 더불어민주당

---

◆ 더불어민주당이 중도보수 정당이라는 주장은 논리상 타당하지만, 사실상 양당 체제로 구축된 한국의 정치 지형에서는 '진보'를 과대 대표하는 정치세력이라고 할 수 있다.

진영이 귀족화되었다는 것은 새로운 주장이 아니다. 하여 최근에 갑자기 알게 된 것처럼 호들갑 떨 일은 아니다.

아무튼 이런 논리의 연장선상에서 안철수는 "대한민국 정치는 지금 세금 도둑질 바이러스, 진영 정치 바이러스, 국가주의 바이러스, 이 세 바이러스에 동시에 감염돼 있"으니 이에 "투쟁하는 실용정치의 길을 가겠다"고 주장했다. 하지만 조국보다, 그리고 정부·여당의 일부 인사들보다 국민당 인사들이 더 청렴하다고 믿는 이는 별로 없을 것이다. 더욱이 안철수가 말한 '세 바이러스'를 척결하는 능력을 안철수와 국민당이 갖고 있다고 믿는 이도 별로 없다. 4·15총선은 그것을 보여주었다. 정부·여당에 반대하는 보수주의자들도 대안세력의 부재를 인정하고 있는 것이다. 그중 실용정치를 주장한 중간 범주의 정치세력의 능력에 대한 평가는 더 야박했다.

최근 코로나19 사태에서 보듯, 사회적 거리 두기에 동참하지 않은 교회들은 선발대형교회 성격이 강한 교회들이다. 즉 1970~1980년대 대부흥기에 급성장한 교회들의 기조가 신앙제도를 강하게 견인하고 있는 교회들이다. 그 시절 교회 성장을 이끈 것은 부흥사들이다. 부흥사들은 교회를 광적인 부흥회 현장으로 만듦으로써 새 신자들을 대대적으로 유치할 수 있었다. 교회로 몰려든 이들은 시골에서 도시로 이주한 가난한 대중이 압도적으로 많았다. 그들은 굶주렸고 질병에 시달렸다. 부흥사들은 그들에게 병을 치유할 수 있다고 설파했고, 그들 중 일부는 실제로 질병에서 나았다. 그리고 그런 것을 통해 가난에서 벗어날 수 있다고 외쳤고, 그것이 바로 구원받은 자에게 주어진 축복이라고 설파했다.

한데 이런 부흥회에서 병의 치유 현상은 집회의 열광적인 분위기와 긴밀히 연관된다. 부흥사는 대중의 감정이 극한으로 고조되게 만드는 전문가였고, 대중의 열광적인 리액션이 그 현장에 있는 어떤 이들의 질병의 치유를 가능하게 했던 것이다. 여기서 중요한 것은 부흥사 중심의 종교는 신자 대중의 리액션을 제도화하면서 발전한다는 것이다.

반면 후발대형교회는, 생활수준이나 교육수준이 높아 합리적으로 사유하고 격조 있는 귀족적 자태를 관리하는 데 관심이 더 많은 계층의 사람들이 자신들의 문화에 적합한 교회를 찾아내고 만들어간 결과로 탄생한 종교 현상이다. 이 교회들에서 예배는 점점 세련된 공연과 같이 변모하고 있다. 여기서 신자는 리액션하는 자가 아니라 관조하는 태도로 바라보는 관객에 가깝다.

그렇다면 코로나19 사태를 맞아 대면 예배를 중단하자는 사회 기조에 어떤 교회가 동참하고 어떤 교회가 반대할 것인가? 말할 것도 없이 선발대형교회 성향이 강한 공동체는 대면 예배를 중단하는 것이 주는 피해가 심각하다고 느끼지 않을 수 없다. 실제로 일부 교회들은 대면 예배를 강행했다. 그것이 코로나19의 감염 확대를 초래했다. 그리고 그만큼 이 교회들의 사회적 평판은 심각하게 추락했다. 반면 일부 대형교회들은 대면 예배 대신 다양한 방식으로 예배를 이어갔다. 별다른 이미지 손상 없이 말이다. 아니, 대면 예배를 고집한 교회들에 실망한 신자들에게 더 많은 주목을 받았다. 요컨대 웰빙보수주의의 아성인 후발대형교회의 위세는 더 강해졌다고 하는게 적절하다.

종교만 그런 것은 아닐 것이다. 포스트코로나 시대에 사회적, 문화적 영역에서 웰빙적 가치로 표상되는 사회세력의 영향력은 더 강화될 것이 예상된다. 그렇다면 2020년 선거에서 중간 범주의 몰락은 결코 결정적인 현상이라고 할 수 없다. 단지 특수한 정치 지형에서 움츠려 있는 상태일 뿐이다.

그리고 이 중간 범주의 중심에는 후발대형교회가 있다는 것이 내가 이 책에서 말하고자 하는 바다. 웰빙보수주의의 아성으로서 후발대형교회가 어떻게 작동하고 있는지에 관한 스케치를 그리려는 것이다.

# 2장

# 대형교회는 왜 보수주의적인가

앞 장에서 나는 대형교회에 관한 학계의 분류법들을 간략히 소개했다. 한데 이 분류법 모두는, 대부분의 사람들에게 이미 상식이 되어버린 것처럼, 한국의 대형교회들이 '보수주의적'이라는 전제에 기초하고 있다. 나 또한 이 책을 꿰뚫는 핵심 문제제기인 '1990년대 어간 이후 한국 사회에서 웰빙보수주의가 형성되고 있는 가장 중요한 장소로서 대형교회를 주목해야 한다'는 전제에 기반을 두고 이야기할 것이다. 그렇다면 웰빙보수주의와 후발대형교회에 관한 이야기를 본격적으로 시작하기 전에 먼저 대형교회가 보수주의적이라는 가정에 대해 좀 더 이야기하지 않을 수 없다.

　왜, 어떻게 한국의 대형교회들은 보수주의적 종교가 되었을까? 이야기의 출발점은 해방공간과 한국전쟁 전후기 남한의 개신교회들에서 일어난 현상을 살피는 것이다. 이른바 개신교 '서북주의의 탄생'에 관한 것이다.

## 서북주의의 탄생

흔히 말하길, "대형교회들은 대부분 보수주의적이다. '한국 개
신교의 성장 과정에서' 근본주의와 반공주의가 거의 모든 교
회들의 신앙의 모태 역할을 했기 때문이다"라고 한다. 대개가
이런 주장에 동의할 것이지만, 좀 더 곰곰이 생각해보면 고개
를 갸우뚱거리게 된다. 근본주의와 반공주의는 당연히 보수주
의적이라고 말하는 것처럼 보이기 때문이다.

　　마르크스주의 철학자 슬라보예 지젝Slavoj Zizek은 오늘날
급진 좌파 진영에서 거의 맹목적이다시피 한 민주주의에 대
한 맹신을 '민주적 근본주의democratic fundamentalism'라고 말했다.
갈수록 전지전능해지고 있는 자본주의의 폭력 앞에서 민주주
의라는 고전적 원리를 추구하며 어떤 합리적 논쟁도 통하지
않는, 종교적 갈망에 가까운 신념들을 그는 이렇게 비판한 것
이다. 또 독실한 개신교 신앙을 가지고 독재에 저항했던 진보
적 지식인들 중 '성경 근본주의자biblical fundamentalism'라고 할 수
있는 이들이 적지 않다. 근본주의를 긍정적으로 보든 부정적
으로 보든, 좌파와 근본주의는 모순 관계가 아니라는 얘기다.
반공주의도 마찬가지인데, 가령 사회주의 체제하에서 관료주
의적이고 반인권적인 당의 독재를 비판하며 반공주의적 개혁

을 부르짖었던 이들을 보수주의적이라고 부를 수는 없다. 즉 반공주의와 진보주의의 조합도 가능하다.

한데 앞에서 내가 임의로 끼워 넣은 '한국 개신교의 성장 과정에서'라는 어구를 연결시키면 근본주의와 반공주의를 보수주의와 연결시키는 것은 결코 부자연스러운 것이 아니다.

한국의 개신교 전래 과정을 살피면 초기 개신교회들은 오늘날의 교회와 달리 근본주의 일색이 아니었다. 물론 개신교 반공주의도 그리 강한 신앙 기조가 아니었다. 그런데 개신교가 빠르게 안착하던 시기인 20세기 전반기를 거치면서 개신교는 근본주의를 모태로 하는 종교로 빠르게 탈바꿈하기 시작했고, 한국전쟁을 전후로 한 10여 년의 시간 동안 근본주의는 반공주의와 떼려야 뗄 수 없이 결합되어 한국 개신교 신앙의 모태가 되었다. 즉 오늘 우리가 '한국 교회는 본래부터 당연히 그랬어'라고 생각하는 것이 실은 1940~1950년대에 조성된 '만들어진 역사'와 다름없다는 얘기다.

근본주의와 관련해서는 서북 지역의 개신교가 그 뿌리라는 사실을 염두에 둘 필요가 있다. 서북(혹은 관서) 지역이라 함은, 조선 시대의 지역 명칭에 따르면 평안도, 황해도, 함경도 전역을 포함한다. 한데 1893년 이후 서양의 개신교 선교부들 간에 맺은 수차례에 걸친 한반도 선교지 분할 협정에서 평안도와 황해도가 미국 북장로회의 배타적 선교 영역이 되고, 함경도는 간도 지역을 할당받은 캐나다 연합교회의 영역에 포함되었다. 이후, 함경도 지역은 간도를 가리키는 명칭이던 동북 혹은 관북 지방의 일부로 간주되었다. 이런 개신교적인 표현이 월남 지식인이 대종을 이룬 평안도와 황해도 출신 개신교도들에 의해 일상화되면서, 서북 지역이 이 두 지방을 한정해 가리키는 명칭이 된 것으로 보인다.

서북 지역 개신교도들이 처음부터 근본주의적인 것은 아니었다. 아니, 실은 이곳의 개신교도들 가운데 한반도 전체에서 가장 근대적이고 계몽주의적인 사상에 심취한 이들이 많았다. 잘 알다시피 애국계몽운동은 서북 지역의 개신교도들이 중심이 된 운동이었다. 특히 이승훈의 오산학교, 안창호의 대성학교 등으로 대표되는 교육운동은 타의 추종을 불허할 정도였다. 이 전통은 해방 정국과 한국전쟁 전후 시기에 월남한 서북 지역 지식인들에 의해 주도된《사상계》운동으로 이어지기도 했다. 그런데 이런 서북 지역 계몽적 지식인들의 활동과 내가 말하는 서북주의는 서로 상반되는 정치적 태도를 반영한다.

서북 지역의 미국 북장로회 출신 선교사들은 당대에 한반도는 물론이고 전 세계에서 가장 강성의 근본주의자들이었다. 물론 당시 미국 북장로회가 근본주의 일색의 교파는 아니었다. 1880년 뉴욕의 유니언신학교 교수인 찰스 브릭스Charles Augustus Briggs에 대한 종교재판 이후 미국의 개신교는 자유주의 대 근본주의의 치열한 논쟁에 빠져들었고, 당시 미국에서 가장 유력한 종파에 속했던 북장로교회는 그 논쟁이 가장 첨예하게 벌어지고 있던 교파 중 하나였다. 그런데 한반도에 파송된 선교사들 가운데 개신교 성장을 주도했던 서북 지역 선교사들 중 다수는 강성 근본주의자 성향을 갖고 있었다.

다른 지역 선교사들에 비해 서북 지역 장로교 선교사들이 특별히 근본주의 성향이 강하긴 했지만, 서북 지역의 많은 개신교 안팎의 지식인들은 근본주의와 대립적인 계몽적 근대주의자들이었다. 그럼에도 불구하고 서북 지역의 미국 북장로회 출신 근본주의 선교사들의 영향력이 한국 개신교를 주도하게 된 것은 어떻게 가능했을까?

그 첫 번째 이유는 1907년 평양대부흥운동의 여파다. 그해 평양의 장대현교회에서 일어난 부흥운동으로 신자들이 크게 불어났고 교회들이 연이어 생겨났다. 이에 선교사들은 자신들과 신앙 코드가 맞는 이들을 확장된 사역지들의 선교사로 초빙했으며 조선인 지도자도 그렇게 선별해서 사역을 맡겼다. 그것은 다른 생각을 가진 조선인 지도자들을 배척하는 일과 맞물렸다. 이는 빠르게 한반도 전역으로 확산되어, 북한 지역 개신교 신자의 80%에 가까운 이들이 미국 북장로회의 영향권 아래 있는 장로교도가 되었으며, 한반도 전체 개신교도의 40% 이상이 서북계와 유사한 성향의 장로교도가 되었다. 그런데 서북계 선교사들의 근본주의 신앙은 정치적이라기보다는 일종의 문화적, 종교적 배타주의에 가까웠다. 그들은 조상의 위폐를 모시는 것을 그리스도 신앙을 갖는 것과 대립물로 보았다. 또 집과 마당, 산과 들, 냇가, 나무, 바위 등 마을 곳곳에 깃든 정령들과 연결된 일체의 관행을 적대하는 것이

1907년 평양대부흥운동의 도화선이 된 장대현교회 예배 모습.

바른 그리스도 신앙생활이라고 해석했다.

　서북주의 탄생 및 헤게모니화의 두 번째 이유는 이들 서
북 지역의 근본주의적 장로교 엘리트와 신자들의 '월남' 현상
과 관련이 있다. 월남한 서북계 개신교도들의 근본주의가 극
우 반공주의라는 공격적 정치와 결합하게 된 것이다. 일종의
정치적 망명자로서 남한으로 이주한 이들 중 다수는 막막한
이민자의 현실에서 살아남기 위한 기회 중 하나를 발견했는
데, 당시 남한 사회를 반공 사회로 만들려는 자들에게 고용되
는 것이었다. 그들을 고용한 자들은 친일 경력의 자산가들과
미군에 고용된 고위층 경찰 관리, 그리고 미군 정보 당국 등이
었다. 이 과정에서 서북계 개신교의 근본주의 신앙과 공격적
극우 반공주의는 분리할 수 없는 하나의 논리처럼 결합되었
다. 나는 이러한 정치화된 극우주의 신앙을 '서북주의'라고 부

르고자 한다. 즉 서북주의는 서북 지역에서 발생한 것이 아니라, 해방정국 남한의 월남자 개신교도들 사이에서 탄생했다.

| 서북 지역에서의 근본주의적 배타주의 신앙 | + | 남한에서의 공격적 반공주의화 | = | 서북주의 |
|---|---|---|---|---|

이들 서북주의자들이 깊이 개입한 이념 갈등은 반공 국가로서의 남한 단독정부의 탄생, 그리고 이념 과잉의 전면전으로서의 한국전쟁과 밀접히 연관된다. 한국전쟁이야말로 서북주의 탄생에 가장 결정적인 기폭제였는데, 동시에 서북주의의 형성 과정은 한국전쟁을 잔혹한 동족상잔의 비극으로 점철되게 하는 데 중요한 영향을 미쳤다. 이는 민족에게는 대재앙이었지만 서북주의적 개신교에게는 엄청난 기회였다. 이 개신교 분파는 한국 개신교의 주도 세력이 되었을 뿐 아니라 한국 사회 전체에서 가장 막강한 자원을 가진 세력으로 부상했다. 이렇게 서북주의적 신앙, 곧 근본주의와 극우 반공주의가 결합된 신앙은 한국 개신교 신앙의 모태가 되었다. 그리고 이상에서 본 것처럼 서북주의 신앙의 생성과 발전 과정은 반공 국가로서의 남한 정부, 그리고 반공 규율체제로서의 남한 사회가 구축되는 과정과 밀접히 연관된다. 바로 이런 맥락에서 한국 개신교는 반공주의적 한국 사회를 지탱하는 보수주의로서 자리 잡게 되었다.

## 성장지상주의와
## 보수주의

서북주의의 정치적 헤게모니는 1960년대 이후 다소 약화되고, 새로운 세대가 교회를 주도한다. 한국 최초의 대형교회인 영락교회가 서북주의 신앙의 주축이었다면, 1960~1990년 사이, 그러니까 개신교 대부흥 시대를 이끈 주역은 서북주의와 거의 연관이 없는 조용기와 (여의도)순복음교회를 필두로 하는 성장주의적 개신교 부흥사들이었다. 이때 한국 개신교에는 새로운 신앙의 기조가 대두한다.

이른바 '성장지상주의'다. 좀 더 자세히 이야기해보자. 성장지상주의와 서북주의는 일견 서로 모순적이다. 성장지상주의가 성장을 위해 모든 것을 도구화할 수 있는 신앙 양식을 말한다면, 반공적 근본주의로서 서북주의는 '반공' 이념이 도구가 아니라 신앙의 절대 원리라는 주장을 담고 있다. 하지만 동시에 한국 개신교 역사에서 양자는 분리할 수 없이 얽혀 있기도 하다. 양자 모두 반공주의와 얽혀 있는 것이다. 단지 그것이 사용되는 방식이 다를 뿐이다.

이는 반공지상주의 체제로서 제1공화국과 성장지상주의적 발전국가체제로서 유신체제 사이에 반공주의가 공유된 것과 유사하다. 반공지상주의적 국가는 공산주의라는 적에 대한 '증오'를 통해 사회를 통합한다. 한데 성장지상주의적 발전국가체제는 그 적에 대한 증오를 '성장에 대한 동력'으로 재활용

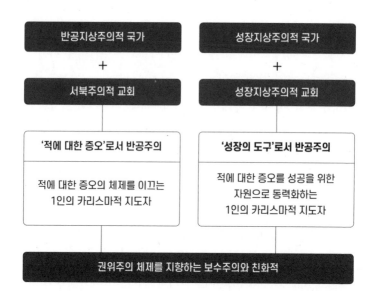

했다. 적을 압도하기 위해서는 적보다 더 발전해야만 하며, 그러려면 전 국민이 일치단결하여 성장을 위해 매진해야 한다는 것이다. 마찬가지로 성장지상주의적 개신교는 절대적 이단인 공산주의를 무찌르기 위해 복음화가 절대적이라고 주장했다. 그 적이 우리의 몸과 마음을 병들게 하고, 이 지긋지긋한 가난의 질곡을 만들어놓았기에, 적과의 싸움은 물리적인 것인 동시에 영적인 것이기도 하다. 그것이 개신교 성장주의자들이 주장하는 복음화의 내용이다.

　이것과 연관해서 한 가지를 더 이야기할 수 있다. 즉 이와 같이 서북주의와 성장지상주의적 교회가 신앙을 물리적이고 영적인 전쟁으로 해석했기에, 그러한 전쟁의 신앙을 구현하는 신앙제도는 '비상한 체제'여야 했다. 그것은 바로 절대적 1인의 카리스마적 지배를 통한 교회제도로 나타났다. 다만 그 1인의 절대적 지도자가 전자에서는 적을 파괴하는 신의 전사戰士라면, 후자에서는 그 파괴의 동력을 성장의 동력으로 자원화하는 존재다.

이 대목에서 우리가 주목할 것은, 한국 개신교회에서 대형교회는 거의 예외 없이 1인의 카리스마적 리더십이 관철되었다는 사실이다. 반면 중소형교회는 카리스마적 1인의 지배가 구현된 경우도 있지만 그렇지 않은 경우가 더 많다. 문제는 거의 모든 한국 개신교회들을 지배하는 신앙 담론이 1인의 카리스마적 지도자에 의한 교회 권위주의를 지지하고 있다는 데 있다. 즉 권위주의를 구현하지 못한 교회는 스스로를 실패한 혹은 아직 성공하지 못한 교회로 이해하게 된다는 것이다. 이것은 제1공화국에서 민주화가 되기 이전까지 한국 사회의 지배적 체제 논리이기도 했다. 그런 점에서 한국 개신교, 특히 대형교회적 신앙은 이런 권위주의 체제를 지향하는 보수주의와 친화적이다.


## 탈성장 시대의
## 대형교회와 보수주의


여기서 다시 앞의 글에서 대형교회에 관한 대목을 상기해보

자. 나는 대형교회를 두 범주로 나누었다. 국가와 교회가 공히 성장일로에 있던 시기인 1990년대 전반까지 대형교회로 부상한 교회들(선발대형교회 유형)과 저성장 혹은 역성장 시기인 1990년대 중반 이후의 교회들(후발대형교회 유형)이 그것이다. 한데 서북주의적 신앙이나 성장지상주의적 신앙은 선발대형교회 범주의 교회들에서 거의 예외 없이 나타난다.

한편 1990년대 중반, 특히 2000년대에 오면 대형교회를 이룩했던 카리스마적 1인이 은퇴하거나 사망하는 일이 잦아졌다. 세대교체 국면이 된 것이다. 문제는 단지 자연스러운 시간의 이동으로 인한 세대교체가 아니라, 시대 자체가 변화했다는 데 있다. 1990년대는 알다시피 한국 사회에서 권위주의가 빠르게 쇠락하는 전환 시대의 출발점이다. 하여 이제 그 속도를 둘러싼 사회 갈등이 본격화하게 되었다. 대개 제도는 좀 더 느린 데 반해 대중의 인식은 좀 더 빠른 변화를 추구한다. 세대교체 국면에 진입한 대형교회들도 예외가 아니다.

선발대형교회 유형의 교회들은 권위주의 시대에 성공을 이룩한 만큼 제도나 인식에서 '더 권위주의적'이다. 하지만 이 유형의 많은 교회들에서 거의 모든 가용 자원을 독점한 카리스마적 1인은 빠르게 소멸해갔다. 권위주의를 추동할 전제적 통치자가 부재하게 된 것이다. 하여 이 유형의 교회들은 시대 변화에 적응하는 능력이 크게 약화되었다. 심지어 시대착오적인 행보들로 사회의 따가운 시선의 대상으로 전락하는 경우도 허다했다.

후발대형교회 유형의 경우는 좀 더 복잡하다. 어떤 교회에서는 세대교체가 성장지상주의로 회귀하는 결과를 초래한 경우도 있었다. 그런 경우 교회는 더 권력화되면서 사회적 지탄의 대상이 되고, 성장 잠재력이 소진되어버린다. 또 세대교체가 개혁을 둘러싼 극심한 갈등을 야기한 교회가 있는가 하면, 권위주의의 후퇴로 인한 갈등을 덜 경험하면서 퇴행성을 덜 드러내게 된 교회도 있다.

한편 이 범주의 교회들은 창립 시기가 늦은 덕에 카리스마적 1인의 지도자가 아직 은퇴하지 않은 경우가 많은데, 그들 중에는 권위주의적 제도에도 불구하고 강한 독재자이기보다는 부드러운 독재를 통해 계몽적 리더십을 구현하는 경우도 있다. 그런 지도자들은 마치 개혁 군주처럼 시대 변화와 보조를 맞추는 신앙제도의 변화를 이끌었다. 하여 강한 시대 적응력과 함께 성장 잠재력을 유지하는 데 성공했다. 내가 이 책에서 주목하는 웰빙보수주의 장소로서의 대형교회는 바로 이런 교회들과 관련이 있다.

아무튼 후발대형교회에 속하는 교회들도 기본적으로 제도나 담론에서 권위주의적 성격이 강하다. 계몽 군주인지 독재자인지, 부드러운 독재인지 완고한 독재인지만 다를 뿐이다. 수천 혹은 수만의 교인들을 결속시키는 장치는 빈약한데, 대개의 교회들이 그런 것처럼 높은 수준의 통합을 유지하려면 권위주의가 제일 효율적이다. 민주적 결속을 위한 제도를 도입하는 과정에서 지리한 갈등을 수반하지 않아도 되는, 이른바 '전환 비용system-switching cost'을 지불하지 않아도 되는 방식이기 때문이다. 그러려면 여전히 담임목사나 소수 특권적 장로 외에는 권리가 극도로 제약되어야 한다. 즉 이러한 대형 교회의 신자들도 자신들의 주권을 찾기 위한 '아래로부터의 개혁'을 추구하지 않고 지도자들의 '위로부터의 개혁'에 순종해야 한다. 혹은 최소한 그러한 통치에 무관심해야 한다.

시대는 대중의 주권의식이 신장하는 방향으로 전환하고 있고 사회는 그러한 인식 변화와 맞물려 민주화하고 있는데, 후발대형교회 유형의 교회는 이러한 변화 가운데 가장 보수주의적인 방식으로 구현되고 있다. 즉 교회의 권력 엘리트 세력은 위로부터의 개혁을 실현하려 했고, 신자 대중은 그러한 개혁의 수동적 주체이거나 무관심한 대중으로 남는 방식의 제도가 형성된 것이다.

그런데 후발대형교회의 권력 엘리트와 신자 대중의 관계를 이렇게 단순화한 것만으로는 충분한 설명이 못 된다. 다음 장부터는 이에 대한 좀 더 세밀한 이야기를 펼쳐보려고 한다.

# 3장

# '주권신자'의 탄생

## 카리스마적 리더십

홍영기가 여의도순복음교회 부설 교회성장연구소 소장으로 재직하던 시절 펴낸 저서《한국 초대형 교회와 카리스마 리더십》은 조용기 용비어천가의 일종으로 평가할 여지가 많지만, 한국 초대형교회의 성공 요인을 명쾌하게 분석한 주목할 만한 저작이다. 그가 분석한 초대형교회는 13개♦인데, 이들 교

---

♦ 초대형교회는 Gigachurch를 옮긴 것으로, 일요일 대예배에 출석하는 성인 신자가 1만 명 이상인 교회를 말한다. 13개의 교회 명단은 다음과 같다. 영락교회, 명성교회, 주안장로교회, 소망교회, 온누리교회, 충현교회, 사랑의교회(이상 7개는 장로교회), 광림교회, 숭의감리교회, 금란교회(이상 3개는 감리교회), 여의도순복음교회, 순복음인천교회, 은혜와진리교회(이상 3개는 오순절교회).

회를 담임한 이들의 '카리스마적 리더십'이 가장 중요한 성공 요인임을 도출해냈다.

'카리스마χαρισμα'라는 그리스어는, 사전적 정의에 의하면 '신으로부터 받은 특별한 재능'으로, 보통 사람들이 갖지 못한 범상치 않은 능력을 의미한다. 하지만 그는 이 용어를 사회학적 의미로 재해석해낸 막스 베버Max Weber의 용법에 의존하면서 초대형교회 목사들의 리더십을 해석한다. 즉 '카리스마'는 교회에서 잘 짜인 신뢰의 체계를 가능하게 했고 그것이 신자들의 결속력을 증진시키고 교회 성장에 매진할 수 있게 하는 동력이 되었다는 것이다. 요컨대 카리스마적 리더십이라는 것은 교회의 가용 자원에 대한 독점적 지배 능력이다. 그러한 리더십의 담임목사가 교회의 가용 자원을 성장에 집중 투여하여 교세 팽창을 가능하게 함으로써 초대형교회가 탄생하게 되었다는 것이다.

여기서 저자는 초대형교회만을 분석 대상으로 삼고 있지만, 이런 성공 시나리오는 한국의 대형교회 전반에 대한 해석으로 보아도 큰 무리가 없다. 거의 모든 대형교회들의 성공 요인에, 각 교회마다 여러 성장 요인을 이야기할 수 있겠지만, 카리스마적 담임목사의 존재가 공통분모로 자리 잡고 있기 때문이다.

물론 중소형 교회들 중에도 담임목사의 카리스마적 리더십이 돋보이는 경우가 있다. 그렇다면 홍영기의 가설은 제한적이다. 사실 그는 자신의 책에서, 카리스마적 리더십을 가진 담임목사들 모두가 성장지상주의자는 아니라는 점을 염두에 두지 않았다. 그들 중에는 다른 것에 자원을 동원한 이들도 적지 않다. 또 다른 경우도 있다. 그들이 성장을 추구함에도 예기치 않은 성장 저해 요소들을 만나서 그 성장 기조가 꺾여버린 경우다. 가령 담임목사의 권력 남용이 문제가 되어 갈등이 발생하거나, 다른 카리스마적 리더십을 가진 이와 교회 안에서 갈등을 거듭하다 교회가 분열되는 일도 비일비재하다.

하여 카리스마적 리더십과 성장 간의 밀접한 연관성을 주장한 홍영기의 가설은 보완이 필요하다. 자신의 가설에 부합하는 사례들만을 분석하여 도출한 결과이기 때문이다. 그럼에도 분명한 것은 대형교회로 성장한 교회들의 경우 카리스마적 리더십과 성장 간에 깊은 상관성이 있다는 것이다.

베버는 카리스마적 권력은 장기간 그 효과가 지속되기 어렵기 때문에 권력의 내용과 형식이 변형된다고 보았다. 여기서 베버는 두 경로를 주목하는데, 하나는 전통적 권위로 회귀하는 것이고, 다른 하나는 합리적 권위로 이행하는 것이다. 그런데 이 개념을 홍영기처럼 대형교회의 성공 스토리를 해석하는 데 활용할 경우 중요한 문제가 발생한다. 왜냐하면 많은 대형교회들에서 담임목사의 카리스마적 리더십이 '장기간 지속'되었던 것으로 보이기 때문이다. 수십 년간 담임목사로 재직하다 은퇴하게 되었을 때 혹은 은퇴 이후 한동안 '원로목사' 직함을 가지고 사실상 담임목사직을 연장한 뒤에 혈통 세습을 단행하게 될 때, 권력을 세습한 자녀 혹은 사위 등이 아버지나 장인이 만들어놓은 권력 독점적 체계에 의존하여 교회를 운용하게 되면 교회는 전통적 리더십으로 회귀하게 된다.♦ 혹은 세습이 아닌 방식으로 취임한 후임 목사가 의사결정 과정의 합리성을 내포한 제도 개혁에 성공할 경우 교회는 합리적 권위의 체제로 이행하게 된다. 아무튼 베버의 카리스마적 리더십 개념을 활용한 홍영기의 대형교회 형성 가설은 '카리스마적 리더십의 장기화'라는 점을 반영하는 보완적 해석 작업을 필요로 한다.

　　이런 예는 교회에만 적용되는 것이 아니다. 대표적인 경우가 북한이다. 3대째 권력의 혈통 세습이 단행되고 있음에도, 그 체제를 운용하는 전통적 권위의 제도가 꽤 체계적으로 만들어졌고 제법 잘 운용되고 있음에도, 그 체제를 최고 층위에서 구동하는 것은 최고 통치자의 카리스마적 리더십이다.

　　바로 이 점에서 박종현의 연구 노트쯤 되는 글, 〈한국 오순절 운동의 영성―여의도순복음교회의 영성과 성장에 대한 시대사적 회고를 중심으로〉(《한국기독교역사연구소소식》 82호, 2008.4)는 홍영기의 가설을 보완하는 글로 유효하다. 특히 그의 글 후반부에 간략히 제기된 논점이 흥미롭다. 그에 의하면, 1970년을 분기점으로 해서 임의로 17개 교회를 선정하여 담임목사의 재임 기간을 조사한 결과, 모든 교회가 그 이전에는

---

♦ 아버지/장인의 권력을 상속받은 아들/사위의 대부분은 아버지/장인의 카리스마적 리더십까지 상속받은 것은 아니기 때문이다.

담임목사의 순환이 잦았던 데 반해 그 이후에는 장기간 재직하는 양상이 예외 없이 나타났다. 하여 그가 내린 결론은 1970년 이후에는 담임목사의 임기가 장기화하면서 리더십의 집중화가 나타났고, 그것이 교회의 양적 성공과 깊은 연관성이 있다는 것이다.

연구 노트 수준의 글이어서 더욱 그렇겠지만 이 연구는 양적 연구로서의 가치가 거의 없다. 1970년 당시 한국 개신교 교회 수가, 한국종교사회연구소의 통계에 따르면 1만 2,866개소인데, 그가 조사를 위해 선정한 교회는 17개소로 전체의 0.001%에 불과하다. 교회의 전체 추세를 해석하는 데 활용하려면 표본 추출에서 좀 더 섬세한 장치들을 활용할 필요가 있다. 박종현은 17개 교회를 '임의'로 선정했다고 진술했는데, 그것은 필시 이런 '장치의 결여'를 염두에 둔 표현이었을 것이다. 하지만 그가 분석한 결과를 보면, 불리한 표본을 '작위적으로 뺀 것'이라는 인상을 지울 수 없다. 왜냐하면 1970년 이후에도 목사의 재직 기간이 길지 않은 경우는 얼마든지 발견할 수 있는데, 그가 택한 교회들은 공교롭게도 예외 없이 1970년을 전후로 재직 기간의 유의미한 차이가 나타나기 때문이다.

이와 같이 실증적 논거를 어설프게 서술했지만, 그의 해석은 충분한 논리적 개연성이 있다. 즉 '임기의 장기화'와 '리더십의 (권력) 집중화'가 서로 강한 인과성을 갖는다는 것은, 예외가 없는 것은 아니지만, 강한 설득력을 갖는다. 또 그 시기에 교회의 성장률이 가파르게 치고 올라갔고, 그중 대형교회로 부상한 교회들은 거의 예외 없이 목사들의 재직 기간이 길었다는 점에서, 임기의 장기화와 권력 집중화가 교회의 양적 성공과 밀접히 연관된다는 것도 충분히 설득력이 있다.

게다가 그가 분기점으로 선정한 '1970년'은, 전해인 1969년에 박정희 정권이 영구 집권을 획책하여 '3선 개헌'을 시도한 직후다. 당시 교회와 정부가 서로 친화적 성격이 강했다는 점을 감안하면, 카리스마적 리더십을 추구했던 많은 목사들이 대통령처럼 '임기의 장기화'를 자연스럽게 받아들였을 가능성을 배제할 수 없다.

목사들 사이에서 회자되는 불문율 하나가 있다. 한 교회에서 사역을 그만두면 무슨 일을 하든 그 교회 근처에서 살지 말고 그 근처로 돌아다니지 말며 그 교회의 신자들도 만나지 말라는 것이다. 이것은 목회자 교체가 빈번한 상황을 전제로 하여 회자되는 금언(?)이다. 그런데 일부 중소형교회와 대부분의 대형교회들에서는 이런 불문율이 존재하지 않는다. 왜냐하면 이 교회들에서는 담임목사가 적어도 20~40년간 교회의 절대적 권력자였고, 그 이후에도 은퇴목사로서 사실상의 지배력을 사망 때까지 유지하기 때문이다. 심지어 일부 교회들에서는 세습까지 단행함으로써 사역지였던 교회와 담임목사였던 이의 인적 연결 고리를 물리적 한계 연령 너머까지 지연시킨다.

이와 같이 홍영기의 가설과 박종현의 보충 가설을 연결시켜 해석하면, 1인의 카리스마적 지도자가 성장을 위해 가용 자원을 장기간 일관되게 집중 투여함으로써 양적 성공을 실현해냈다는 해석이 가능해진다. 이것이 대형교회 탄생의 가장 일반적인 시나리오라는 것이다. 사실 이는 교회뿐 아니라 국가, 그리고 기업에서도 유사하게 나타났다. 특히 1960~1990년 사이에 성장지상주의와 카리스마적 리더십의 결합은 한국 사회에서 일반적인 현상이라고 할 수 있다.

## '주권신자'의 탄생

이 책 서두에서 나는 1990년대 중반 이전까지 대형교회의 등장이 개신교 교세의 증가와 더불어 나타났다고 말했다. 반면 1990년대 중반 이후부터 교세의 증가 추세가 급격히 쇠락했고, 심지어 마이너스 성장 상황에 놓이게 되었다는 조사 결과도 볼 수 있는데, 흥미롭게도 이런 저성장 혹은 역성장 시기에도 대형교회가 된 교회들이 있다고 했다. 나는 이런 관점에서 대형교회의 유형을 둘로 나누었고, 그것을 각각 '선발대형교회'와 '후발대형교회'라고 명명했다. 여기서 하나 더 확인할 것은, 선발대형교회 유형에서 양적 성장은 '새 신자 유입'의 결과인 반면, 후발대형교회 유형은 수평이동한 신자들의 재정착이 중요했다는 점이다.

1992년의 《기독교대연감》(이하 연감)에는 1991년의 한국 개신교 인구가 1,200만 명이 조금 넘는 것으로 나온다. 또

2013년 한국목회자협의회(이하 한목협)가 전문 기관에 의뢰하여 조사한 바에 따르면 인구의 22.5%가 개신교 신자다. 이를 당시 한국 사회 인구와 대비해서 보면, 대략 1,130만 명 정도로 추산된다.

한데 2005년 인구총조사에 따르면 전수조사 한 개신교 인구는 18.3%로 약 860만 명에 불과하다. 또한 이 조사에서 1995년과 2005년 사이 개신교 인구는 14만 명 이상 감소했다. 그렇다면 앞에서 언급한 개신교 단체들의 조사와 국가가 시행한 2005년 인구총조사 사이에 존재하는 300만 명 안팎의 차이는 최소 오차에 속한다.

이것을 해석하기 위해 많은 연구자들이 여러 견해를 피력했는데, 그중 가장 많은 이들이 공감한 것은 '중복 교적' 때문이라는 것이다. 이는 연감과 2005년 인구총조사의 차이를 설명하는 데 유용하다. 연감은 각 교단이 조사한 교회들의 통계를 취합한 것이다. 교회를 이곳저곳 방문한 사람들을 각 교회 담당자들은 어떻게 해서든 신자로 등록시키려 하지만, 그럼에도 정착하지 못하고 계속 떠돌아다니는 이들은 두 개 이상의 교적을 남기게 된다. 하여 신자 수 인플레이션이 발생하게 된다는 얘기다.

한편 한목협의 조사와 2005년 인구총조사의 차이에는 아마도 개신교 신자라는 것에 대한 다른 인식이 반영되어 있을 것으로 보인다. 어떤 이는 교회에 교적을 두고 있어야만 그리스도교 신자라고 생각하고, 다른 이는 교회에 교적을 두고 있

지 않아도 일요일에 어느 교회든 참여하면 그리스도교 신자
됨에 아무 문제가 없다고 생각한다. 또 어떤 이들은 개신교회
든 가톨릭교회든 예배에 참여하기만 하면 그리스도교 신자라
고 답하는 데 아무런 문제가 없다고 믿는다. 그리고 또 다른
이들은 그리스도교 교회만이 아니라 불교 사찰이나 무속신앙
에 대해 존경심을 표할 수 있고 심지어 특정 종교에 귀속되어
있지 않더라도 진리를 추구하며 정의롭게 살고자 하면 진정
한 그리스도교 신자라고 생각한다.♦ 나는 2005년 인구총조사
에 기초해서 이와 같은 다원주의적 신앙을 가진 이들의 수가
최소 100~200만 명에 달할 것이라고 추산한 바 있다.

한데 다원주의적 신앙을 가진 이들이 최소 100~200만
명에 달하는데도 인구총조사를 포함한 종교 인구 조사들은
단 한 가지 종교만을 선택하게 한다. 이는 여러 종교에 대해
존경심을 표하는 이들이 자신의 신념을 그대로 인구총조사에
반영할 수 없다는 것을 뜻한다. 하여 자신의 종교를 답하기 위
한 전략적 선택을 하지 않을 수 없다. 어느 종교에 속한다고
하는 것이 제일 폼나는 대답일까, 혹은 어느 종교에 속하지 않
는다고 하는 게 더 멋져 보일까, 그나마 귀속 의식이 더 높은
종교는 무엇일까, 어느 종교에 속할 때 내게 더 유리할까 등등
의 생각이 반영된다는 얘기다. 어쩌면 이런 태도는 진정한 신

---

♦ 이런 다원주의적 신앙을 지칭하는 용어로 '포트폴리오 페이스(portfolio
faith)' 혹은 '멀티 빌리버스(multi-believers)' 등이 사용된다.

자의 모습이 아니라는 일부 종교인의 편협한 주장 때문에, 종교적 활동과 생각을 하고 있음에도 자신이 종교에 속하지 않는다고 말하는 이들도 있을 것이다. 아무튼 오늘날 종교인 중에는 종교의 경계를 넘어가는 수평이동을 하는 이들이 적잖다. 2005년 인구총조사에는 이런 사정이 반영되었을 가능성이 크다. 그러니까 한목협이나 연감과 크게 다른 결과를 나타낸 2005년 인구총조사에는 '신자 됨'에 대한 최근의 여러 물음들이 신학적, 신앙적으로 정돈되지 않은 채 살아가고 있는 한국 개신교 신자들의 혼돈 상황이 반영되어 있다는 것이다 (교회 통계를 단순 활용한 개신교계 기관들의 조사 결과 속에는 이런 혼돈이 누락되어 있다).

다시 얘기를 앞으로 돌려서, 이 세 통계를 유념하면서 수평이동신자들의 재정착과 후발대형교회의 연관성에 대해 좀 더 살펴보자. 개신교는 1990년대 중반에 새 신자의 유입이 현저히 줄었고 그나마 남아 있던 신자들 중 다수가 떠돌이 생활에 접어들었으며, 떠돌아다니던 신자들 중 적잖은 일부는 재정착의 욕망을 버리고 떠돌이성wandering spirit을 내재화한 신자 됨의 길에 들어섰다. 그것은 전통적인 개신교 신앙이 위기에 놓이게 되었다는 것을 뜻한다. 한데 그 위기의 시기에 대형교회로 성공한 교회들이 있다. 내가 명명한 후발대형교회 유형은 이런 교회들의 특징을 포괄적으로 지칭하는 개념이다. 다시 말하거니와 이 유형의 교회들은 수평이동신자들의 유입이 성공의 중요한 요소였다. 새 신자가 아니라 수평이동신자의 유입이라는 요소, 그것이 의미하는 바는 무엇일까.

타종교인 또는 비종교인에서 개신교 신자가 되는 이, 곧 '새 신자'는 교회를 잘 모르는 자이기 때문에 교회의 일방적인 훈육 대상이 된다. 더구나 그들은 대개 도시의 빈민층을 형성한(농촌에서 도시로 이주한) 이민자들이다. 학력도, 자산 능력도, 상징자본도 거의 없으니 종교적 자존성도, 사회적 자존성도 매우 낮은 이들일 가능성이 크다. 하여 그들 대부분은 교회에 신자로 유입될 때 목사의 권위에 자발적으로 순응했다. 홍영기가 말한, 대형교회의 성장에 담임목사의 카리스마적 리더십이 중요한 역할을 했다는 것은 바로 이런 유형의 교회들과 관련이 깊다. 나는 이 교회들을 선발대형교회 유형으로 분류했다.

이 유형에 속하는 교회들에서는 새 신자 양육 프로그램이 중요했다. 그런데 그 1990년대의 '중반 이후'에는 가정 회복 프로그램이나 자기계발 프로그램 같은, 가족과 사회생활을 위한 신앙적 주체 형성 프로그램이 더 주목을 받는다(이에 대해서는 다음 장들에서 더 자세히 이야기할 것이다). 이것은 새 신자보다 수평이동한 신자들을 위한 프로그램을 교회들이 더 많이 활용한 결과다.

이렇게 수평이동 현상이 더 중요해졌다는 사실은 선교 상황의 변화와 연관된다. 많지 않은 수의 사람들이 넓은 곳에 산재하여 살고 있으며 교통수단이 덜 발전하여 장거리 이동이 여의치 않은 사회에서는 '교구parish' 개념이 발전하기 마련이다. 이런 사회에서 수평이동 현상은 별 의미가 없다. 하지만 서울처럼 인구가 과잉 집중된 사회, 그리고 교통수단이 대단히 발달한 사회에서 교회는 일종의 종교시장의 상품처럼 전시되고 소비된다. 이때 디지털화한 콘텐츠가 무한 유통되는 정보사회의 매스미디어가 충분히 발달하면 선택될 상품들이 더 다양하고 세밀하게 전시된다.♦ 따라서 수평이동신자들은 교회들에 대해 더 많고 깊은 정보를 가지고 주체적으로 판단하여 선택하게 된다. 이때 주목할 것은 이런 정보 능력은 사회적 지식을 더 많이 활용할 수 있는 능력과 비례한다는 것이다. 1990년대 중반 이후의 떠돌이신자들 가운데 사회 엘리트가 상당히 많은 비중을 차지하는 것은 이 때문이다.

이런 신자들을 더 많이 정착시킴으로써 대형교회들이 탄생했다. 물론 이 교회들에서도 1인의 카리스마적 리더가 모든 가용 자원을 독점하고 있는 것처럼 보이는 경우가 많다. 하지만 그렇다 하더라도 그 리더의 성장 전략이 효과를 드러내려면 주체적인 신자들을 위한 선택지를 더 확대해야 한다. 그러니까 그는 지배하고 통제하며 주도하는 카리스마적 리더십이 아닌, 설득하는 리더십의 존재일 가능성이 크다.

이것은 비단 이 시기에 대형교회로 성장한 교회들만의 현상이 아니다. 신자들의 유출을 막아야 하는 교회들, 그리고

---

♦ 이것은 인터넷 공간의 등장과 긴밀히 관련된다. 이런 새로운 넷 공간 속으로 사람들을 호출해낸 대표적인 기업이 야후와 구글인데, 이 기업들이 탄생한 시기가 바로 1990년대 중반경이다.

다른 수평이동신자들을 유치하려는 교회들도 과거와는 다른 방식의 성장 전략을 강구해야 했다. 하여 이런 상황은 신자들의 '주권'이 강화되는 상황과 겹쳐서 전개된다. 목사가 자신의 신념에 따라 신자들을 동원하는 것이 아닌, 신자들의 신념과 기호에 부합하는 맞춤형 목회와 선교를 통해 신자의 유출을 방어하거나 떠돌이신자를 유치하려는 경쟁 상황이 전개된 것이다. 그런 신자들의 신념이나 취향을 더 많이 반영할수록 교회의 내적 다이너미즘이 활성화된다. 나는 이런 현상을 '주권신자의 탄생'이라고 명명하고자 한다.

이 용어는 '주권시민'의 개념과 연관시키기 위해 내가 의도적으로 선택한 것이다. 1990년대 이후 한국 사회는 시민들의 주권이 급신장했고 그것이 이후 사회 전개에 중요한 의미를 갖게 되었다. 제왕적 대통령제가 여전함에도 그 이전과 이후는 중요한 제도 및 담론상의 차이가 있다. 여기에 떠돌이신자 현상이 활성화되는 1990년대 중반 이후의 신자는 그 이전과 질적으로 다르다는 가정 아래, 이 용어를 선택한 것이다.

물론 여전히 교회 제도가 1인의 카리스마적 리더를 중심으로 형성되어 있고, 신학도 그것을 뒷받침하고 있다는 점을 간과할 수 없다. 더욱이 대형교회들의 경우는, 앞에서 보았듯이, 그 1인의 위상이 여전히 훨씬 더 중요하다. 요컨대 '주권신자'는 제도 면에서는 맹아 형태로만 존재할 뿐이다. 그럼에도 내가 이 표현을 굳이 강조하는 것은, 주권신자들의 교회에서의 활동 영역은 제도가 보증하고 있지 않음에도 담론의 차원에서는 그 중요성이 점점 확장되고 있고, 때로는 매우 중요한 위상을 지니고 있다고 보기 때문이다. 이 책에서 반복해 이야기할 '웰빙보수주의'의 등장은 바로 이 '주권신자의 등장'과 밀접히 연관된다(이에 대해서는 뒤에서 더 논의할 것이다).

## '주의 종'들의 천민화

선교 초기부터 개신교는 많은 근대적 학교들을 만들었다. 이곳들은 전근대적 교육기관들에 비해 신분과 성별의 차이가 훨씬 적었다. 1907년 평양대부흥운동 이후 한반도에서 미국계 장로교는 다른 교단들을 압도했다. 또 이 시기 서북 지역 출신 미국 유학생의 수는 다른 지역 유학생들보다 현저히 많았다. 1945년 이후 개신교회는 한국 사회에서 가장 많은 인적·물적 자원을 보유한 사회세력이 되었고, 교회의 엘리트가 된다는 것은 그 자원들에 대한 통제 능력을 갖게 된다는 것을 의미했다. 이후 1990년대까지 목사들은 교회뿐 아니라 지역 사회의 유력한 엘리트로서 자리 잡았다.

| 1925년 현재 미국 유학생 수(151명 중) | |
|---|---|
| 평안도 출신 | 43% |
| 황해도 출신 | 2.6% |
| 함경도 출신 | 2.6% |

하지만 1960~1990년 사이, 개신교 교세가 초고속으로 성장하던 때에 많은 교단이 편법을 쓰기 시작했다. 국가로부터 학력을 인정받지 못하는 신학교와 신학생을 양산한 것이다. 이들은 교단 내에서 심한 차별 대우를 받았기에, 성공을 위해 수단과 방법을 가리지 않고 교회 성장을 추구했다. 성공한 목회자들은 문교부 인가 학력을 갖추지 못했더라도 모두로부터 존중받을 수 있었다. 그리고 그런 이들 중 일부가 교회 성장을 주도하여 중대형교회를 만들어냈다.

높은 학력을 인정받은 신학대학 졸업자들도 별반 다르지 않았다. 학력이 어떻든지 간에 성장만을 위해 올인 하던 많은 목회자들은 그만큼의 지성을 갖출 여유가 없었다. 한데 교회가 커갈수록 신자들 가운데 높은 학력을 보유한 이들이 많아졌고, 이는 '학력 위조'에 대한 필요를 증가시켰다. 요컨대 1980년대 전후로 많은 목회자들의 성장지상주의적 전략은 점차 목회자들의 사회적 위상을 격하시키는 결과를 초래했다.

한편 1990년대에 이르면 신학교의 위상이 급락한다. 성장이 둔화되면서 대형교회를 중심으로 하는 교권 세력이 신학교에 대한 지원을 과거만큼 크게 확대하지 않았을 뿐 아니라 교육에 대한 통제를 본격화했다. 이는 신학자들로 하여금 근대적 학문의 공론장에서 스스로를 유폐시키게 했다. 신학생들도 교회 성장세의 급격한 둔화로 인해 취업 시장이 얼어붙게 되자, 성장지상주의적 기능성 신학에 몰두했다. 그 결과 인문학으로서의 신학이 외면당하는 결과를 초래했다. 여기에 진보 성향인 세계교회협의회wcc의 위상이 크게 둔화되면서 진보적 그리스도교도의 국제 네트워크가 무력화되자, 신학대학은 근본주의 일색의 교회에 완벽히 포위되어버렸다.

교회 사역자들의 사정도 마찬가지였다. 중소형교회의 많은 엘리트 신자들이 수평이동하여 몇몇 대형교회로 속속 옮겨 가고 있었고, 새 신자의 유입은 거의 멈춰버렸다. 또 적잖은 이들이 다른 종교로 옮겨 가거나 비종교인이 되었다. 교회 성장의 새로운 비법으로 유행하는 각종 프로그램들은 높은 비용을 지불해야 최소한의 효과를 볼 수 있는 것들이어서, 그 형식을 따라 하기는 하지만 큰 비용을 지불할 능력이 없는 중소형교회들에서는 효용성이 매우 낮았다. 하여 매년 1,000개 이상의 교회들이 사라져갔고, 생존한 교회들도 점점 상황이 악화되거나 현상 유지에 급급할 뿐이었다. 더구나 파행적인 신학 교육으로 인해 신학 소양이 매우 낮은 이들이 교회 사역자로 유입되었다. 악화된 선교 환경을 해석할 능력도, 의지도 없는 이들에 의해 운영되는 교회들이 난무하게 된 것이다.

오늘날 도시 교회에서, 특히 서울의 교회들에서 목회자나 신학생은 가장 지적 수준이 낮은 사람에 속한다. 게다가 살아남기 경쟁에 몰두한 나머지 품격도 천민화되었다. 신자들은 이를 잘 알고 있고, 그에 따라 목사의 주요 사역 중 하나인 설교를 경청하지 않게 되었다. 이는 목사에 대한 존경심의 붕괴를 의미한다. 하여 '주의 종'이라고 스스로를 규정했던 목사들은 지적, 영적 세계에서 '천민적 존재'로 추락했다.

## '증오의 정치'와
## 주권신자의 이반

최근 대외적으로 선교 위기의 심화, 대내적으로 존경심의 붕괴로 인해 지도력의 위기에 놓인 많은 목회자들을 결속시키는 개신교계의 기획들이 등장했다. 그중 하나가 '증오의 정치'의 활성화다. 자신들이 겪고 있는 위기를 직시하기보다는 다른 것에 투사하여 그것을 증오하며 공격적 행위를 조직하고 수행하는 것이다. 공산주의자, 이단, 성소수자, 무슬림 등이 오늘날 교회에 의해 적으로 지목된 주요 표적이다.

목사 등의 교회 사역자들이 적을 향한 증오를 위해 극우주의 정당을 만들었다. 또 교회 설교에서 무수한 증오의 말들을 쏟아냈다. 그런데 그들은 정당을 만들 만한, 그리고 엘리트 신자들을 설득할 만한 논리를 갖추지 못했다. 더욱이 약한 논리를 포장할 존경의 위상도 거의 무너졌다. 하여 많은 신자들이 교회를 이탈하여 다른 곳으로 옮겨 갔고, 남아 있더라도 목사들의 정치에 동조하기를 그만두었다. 그리고 차차 독자적인 행동을 벌이기 시작했다. 그들 중에는 진보적 행동주의 단체에 동조하는 활동을 개시한 이들도 있다. 하지만 더 많은 이들은 '다른 보수적 행동'을 시작했다. 그중에는 수평이동신자들이 재정착하여 만들어내는 새로운 교회 문화적 행동이 포함된다. 후발대형교회 유형의 교회들은 이렇게 대두했다.

그렇다면 우리가 주목할 교회 현상이 하나 더 생겨난 것

한 개신교 신자가 '동성 결혼 반대' 팻말을 들고 있다.
최근 목회자들을 결속시키는 개신교계의 기획들이 많이 등장했는데,
그중 하나가 '증오의 정치' 활성화다.
특히 성소수자에 대해 무수한 증오의 말들을 쏟아내고 있다.

이다. 극우주의적 현상과 관련이 깊은 선발대형교회 유형 외에, 후발대형교회 현상이 그것이다. 여기서는 사회의 파워엘리트가 교회의 주권신자로 부상하여 교회의 새로운 변화를 주도하는 담론적 주체가 되었다. 여전히 제도 차원에서는 담임목사가 절대적 위상을 갖고 있지만, 그들은 현실에서는 주권신자들의 신념과 기호를 충실히 반영하는 사역을 수행함으

로써 성공한 목회자가 될 수 있었다.

한편 많은 교회들에서 주권신자의 범위를 둘러싼 갈등이 공공연히 혹은 은밀하게 벌어지고 있다. 즉 파워엘리트가 주도하는 교회가 될 것인가, 모든 신자의 범위로 확장된 이들의 발언권이 강화된 교회가 될 것인가를 둘러싸고 다양한 방식의 주권 갈등이 벌어지고 있다. 이는 아르케의 정치(엘리트정치)와 데모스의 정치(시민 정치)를 둘러싼 고대 지중해 지역의 계급 갈등과 유사하다.

그런데 어느 쪽으로 무게 축이 이동하든, 여기서 고려되지 않은 것이 있다. 후발대형교회 유형의 교회들에서 벌어지고 있는 담론적 갈등 속에 그들의 외부, 즉 '주권 밖으로 내몰린 대중'에 대해서는 여전히 배타주의가 공공연히 혹은 은밀하게 작동하고 있다. 그리고 그것이 보수주의라는 이름으로 포장되어 있다. '바깥에 대한 성찰이 없는 보수주의'가 주권신자 현상이 불러일으키는 교회 개혁 담론의 맨얼굴일지도 모른다. 이 책은 바로 그것에 대해 물음을 던지고 있다.

# 4장

# 교회의 캐릭터화 1
### 제자훈련

## '주권신자'와 교회의
## 캐릭터화

앞 장에서 '주의 종'들의 천민화에 대해 이야기했다. 여기서 '주의 종'이란 성직자를 지칭하는 한국 개신교의 독특한 용어다. 이 표현 속에는 역설적으로 '주'를 대리하는 자라는 함의가 담겨 있다. 특히 설교는 '주님'을 대언하는 행위로서 여겨졌다. 한데 '주의 종'들의 학력 저하와 교회 대중의 학력 상승이라는 지적 비대칭성의 심화는 설교에 대한 교회 대중의 불신을 초래했다.

실제로 이런 현상이 두드러지게 나타나기 시작하던 1990년대는 대학생 수가 가파르게 상승했고 출판 시장도 정점에 도달한 시기였다. 그 시기에 대형교회에 휘둘리기 시작한 신학대학은 전반적으로 보수주의 기조가 강화되면서 현대 신학의 논의들을 외면하고 있었지만, 출판 시장에서는 신학적 고급 정보가 담긴 교양서들이 속속 출간되었다.

한편 교양서적 부문에서 반그리스도교적 과학서들이 불티나게 팔려나갔다. 주목할 것은 많은 개신교 신자들도 이 책들의 독서자였을 가능성이 있다는 점이다. 1990년대는 합리성과 과학성에 대한 낙관적 태도가 절정에 이르고 있었는데, 사회의 여러 범주 가운데 지적 수준이 높은 계층이 많은 개신교 신자들도 이러한 지적 분위기에 편승하고 있었다. 해서 많은 개신교 신앙을 가진 교양 독서층이 반기독교적 과학서를 열렬히 읽고 토론했다.

반면 얼마 전까지도 교회 성장의 한 축을 이루었던 부흥회가 도시에서 빠르게 사라지고, 폐업하는 산기도원의 수가 급격히 늘었다는 점도 주지해야 한다. 과거 부흥회와 산기도원의 시대에는 부흥사들이 담임하던 교회들이 꽤 많았고 이런 교회들은 거의 모든 예배를 부흥회처럼 수행했다. 또 부흥사의 자질을 갖고 있지 않은 목사들은 매년 정례적으로 부흥사를 초청하여 특별부흥회를 열었다. 나아가 좀 더 강렬한 자극이 가해지는 산기도원으로 신자들을 거의 정례적으로 보내기도 했다. 이렇게 부흥회와 산기도원 집회에 참여한 신자들은 강렬한 종교적 자극에 심취함으로써 교회와 담임목사에 대해 해이해진 충성심을 곧추세울 수 있었다. 또는 그런 강렬한 자극을 주는 다른 교회로 이탈할 여지를 방지하는 데도 유용했다. 물론 부작용도 없지는 않았지만 교회의 입장에서 순기능이 더 강했기에 이런 관행은 오래도록 유지될 수 있었다. 그런데 1980년대 이후 소비사회적 산업화가 빠르게 진행되고 1990년대에 정보화사회로의 전개가 활발해지고, 특히 1990년대 중반 인터넷의 등장으로 상상할 수 없이 광대하고 빠르게 정보 교류가 이루어지면서 전근대적 요소들이 경험적 일상에서 전반적으로 퇴출되어 관람의 공간으로 위폐되었다. 이러한 변화는 많은 신자들의 종교심에서 부흥회와 산기도원의 요소가 퇴출되는 현상을 낳았다.

1990년대 이후의 이러한 사실들은, 시민사회가 교회와 성직자들에 대해 문제를 제기하고 비판적 논의를 펴는 경우가 크게 늘어난 것 못지않게, 교회 대중이 목사와 그의 신학적 주도권에 깊은 의심을 품게 되었다는 것을 시사한다.

이 시기는 민주주의적 제도화를 향한 열망이 거센 풍랑처럼 밀려들던 때였다. 낡은 권위주의를 청산하려는 거대한 파도가 그 선두에서 질주했다. 그리고 교회는 낡은 권위주의를 대표하는 구지배질서의 표상이었다. 시민사회는 교회를 향하여 따가운 눈길을 던졌고, 매스미디어는 교회에 얽힌 추문들을 앞다투어 들춰냈다. '주의 종'들의 부패와 비리, '나쁜' 종교적 행동들, 성적 추행 등이 연일 세간에 폭로되었다.

이에 따라, 교회 밖 시민사회의 따가운 분위기처럼, 많은 교회 대중도 '주의 종'들이 허술한 설교자일 뿐 아니라 부패하고 타락한 종교인일 수 있다는 의혹에서 자유로울 수 없게 되었다. 이에 대한 신자들의 가장 소극적인 저항은 설교를 경청하지 않는 것으로 나타났다. 실제로 교회 활동에 적극적인 신자 몇 사람을 인터뷰하면서 놀랐던 것은, 과거에는 메모하면서 설교를 경청했던 이들이 바로 며칠 전 목사의 설교도 기억하지 못한다는 사실이었다. 그리고 여전히 설교의 청취를 중요한 종교성의 지표로 이해하는 신자들은 인터넷을 통해 이른바 명설교자 혹은 유명인 목사의 설교를 청취 혹은 시청했다. 이런 이유로 담임목사의 설교 권력은 빠르게 와해되어갔다.

그 이상의 행동들도 많았다. 여러 교회의 설교들을 비교하면서 비평적 평가를 서로 나누는 이들이 부쩍 늘었다. 2000년대 초 기독교 잡지 기획자 한종호와 신학자 정용섭이 합작하여 만든 '설교비평' 프로젝트가 열렬한 환호를 받으며 설교비평 붐을 일으킨 것은 이러한 현상의 직접적 여파였다. 이후 여러 목사들의 설교에 대한 비평서가 속출했고, 온라인에는 유력한 목사들의 설교에 대한 문제제기와 비난이 난무했다. 또한 특정 목사의 부적절한 설교는 곧바로 언론의 성토 대상이 되곤 했다.

이렇게 각기 설교비평가가 된 신자들 다수가 더 나은 설교를 찾아 교회를 옮겨 다녔다. 앞에서 명명한 수평이동신자들 중에 그런 이들이 많았다. 이에 교회는 그들의 눈치를 보기 시작했고, 그들의 신념과 취향을 반영하는 방식으로 교회 개혁을 실행에 옮기기 시작했다. 그러면서 그들은 주권신자가 되어갔다. 그들이 교회를 선택하는 첫 번째 기준은 설교였지만, 그것이 유일하거나 절대적인 기준이 아니었음은 물론이다. 이 까다로운 신자들, 이 교회 저 교회를 다니면서 적극적 비평가가 된 이들을 유치하기 위해, 교회들은 설교 내용과 설교자의 테크닉에만 의존하지 않고, 예배 형식, 예배 음악, 예배당의 공간 배치, 음향·조명·시각 효과 등을 '캐릭터화'하는 데 큰 힘을 기울였다. 나아가 신자 프로그램이나 교회 건축물에서도 그 교회만의 개성을 추구했다. 바야흐로 이 시기에 성공한 교회가 되려면 자기만의 '캐릭터'를 갖는 것이 중요했다. 하여 정착할 교회를 찾아 떠도는 이들은 이러한 캐릭터로 교회들을 바라보았고 그것을 재정착의 중요한 기준으로 삼았다.

선발대형교회의 성공 스토리에서 핵심 요소였던 목사의 카리스마적 리더십은 목사의 주도성에 초점이 있는 것이지만, 후발대형교회적인 '교회의 캐릭터화'는 신자들의 주도성에 방점이 찍힌다. 하여 이것은 주권신자화 현상의 구체적 양상 중 하나라고 할 수 있다.

## 1990년대의
## 성공한 캐릭터 교회들

1990년대 중반, 교세가 정체 혹은 감소하던 시절, 하여 개신교계에서 위기론이 솔솔 번져나가던 시절, 신자들 사이에서 두 교회에 관한 입소문이 널리 퍼지고 있었다. 이사를 하든,

귀국을 하든, 진학을 하든, 기독교인이 서울로 오게 되면 어느 교회를 방문할까? 이때 추천 1순위의 교회가 바로 사랑의교회와 온누리교회였다.

1940~1950년대 한국 개신교를 대표하는 교회가 영락교회였고, 1970~1980년대를 상징하는 교회가 (여의도)순복음교회(1958년 대조동 산동네에서 시작해서, 1961년 서대문로터리로, 그리고 1971년에 여의도로 교회당을 옮겼다)라면, 사랑의교회와 온누리교회는 1990년대 후반 이후를 대표한다고 해도 과언이 아니다.

영락교회는 월남 이주자들에서 시작해서, 군 선교와 도시 중상위층 선교의 성과로 대형교회가 되었고, (여의도)순복음교회는 도시 빈민인 이농 이주자들의 신자화에서 시작해서 도시 중상위층의 신자화로 이어지면서 사회 전 계층을 망라하는 엄청난 성공을 거두었다. 특히 (여의도)순복음교회는 1993년 미국의 기독교 잡지《크리스천 월드Christian World》가 발표한 세계 최대 교회 50개 리스트에서 1위를 차지했고, 그 해에《기네스북》에 등재되었다. 당시 이 교회가 주장한 교인 수는 78만 명이었다. 이는《크리스천 월드》가 조사한 교인 수 순위에서 2~10위의 교회를 합한 것보다도 훨씬 큰 수치다.

하지만 1990년대 말 여의도순복음교회가 속한 교단인 기독교대한하나님의성회(기하성) 총회에서 목사 임기를 65세에서 70세로 연장하는 법을 통과시켰다. 당시 조용기 목사가 은퇴 직전인 64세였기에, 이것이 조 목사를 위한 개헌임을 모르는 이는 거의 없었다. 이를 신호탄으로 이후 몇 년 동안 조 목사와 그의 일가에 얽힌 무수한 부패와 비리, 배임, 간통 사건 등이 연이어 보도되고 이를 둘러싼 소송이 줄을 이었다. 개신교 시민사회에서 이 교회와 조용기 일가의 범죄들을 폭로하기 시작했고, 교회 내부에서도 장로들과 평신도들의 문제제기가 잇따랐다. 이렇게 1990년대 말 이후 여의도순복음교회 문제를 포함해서 많은 문제점들이 매스미디어를 통해 제기되자, 이 슈퍼울트라급 초대형교회의 많은 이들이 교회 이탈을 감행했고 그와 함께 교회의 성장세도 꺾였다.

해방 이후부터 1990년대 초까지 대형교회 현상을 대표해왔던 교회들의 성장세가 꺾이기 시작한 1990년대 후반, 바로 그 무렵, 새롭게 성장세를 탄 몇몇 교회가 있었는데, 그중 사랑의교회와 온누리교회가 이 신흥 대형교회들을 대표하는 교회로 주목받았다.

여기서 '교회 옮길 때 추천 1순위의 교회'라는 세간의 평가를 주목할 필요가 있다. 즉 이 두 교회의 급성장 요인 중 가장 주목할 것이 '수평이동신자들의 재정착지'였다는 사실이다. 새 신자의 유입보다는 여러 교회들을 탐방하던 '떠돌이신자'♦들을 재정착시킴으로써 이 두 교회가 대형화에 성공하게 되었다는 얘기다.

---

♦ 앞에서 언급했듯이 그들은 교회 이탈 과정, 떠돌이신자로 교회 탐방 과정, 그리고 새 교회의 신자 되기 과정에서 주권의식이 강화되어갔다. 하여 나는 이 과정을 압축해서 그들을 '주권신자'라고 명명한 것이다.

도대체 무엇이 까다로운 떠돌이신자들의 마음을 사로잡은 것일까? 나는 앞에서 이 시대의 성공한 교회들은 캐릭터화의 성공과 맞물린다고 보았는데, 캐릭터화로 인한 성공을 대표하는 교회가 바로 이 두 교회다. 단적으로 말하면 사랑의교회는 '제자훈련'이라는 캐릭터로, 그리고 온누리교회는 '귀족 영성'이라는 캐릭터로 주권신자들을 사로잡았다. 그것은 사랑의교회에 영성 프로그램이 없었다거나 온누리교회에 제자훈련 기획이 없었다는 뜻이 아니다. 단지 이 두 교회가 특히 강조하고 사람들에게 기억된 캐릭터가 그것이었다는 얘기다. 아무튼, 내가 '웰빙보수주의와 대형교회' 기획을 실행에 옮기면서 그런 교회들의 신자 여러 명을 인터뷰하며 들은 표현에 의하면, 전자는 '이성의 기획'으로, 후자는 '감성의 기획'으로 1990년대 후반의 교회 대중으로부터 열렬한 환호를 받았다.

이 이야기를 하려면 먼저 1990년대, 특히 중반 이후 한국 사회를 살펴볼 필요가 있다. 우선 이 시기에는 앞서 이야기한 것처럼 지식 인프라가 급성장했다. 건국 이래 처음으로 민주주의가 사회적 제도화의 중심 논리로 부상한 시기이기도 했다. 또한 국민의 시민적 주권의식이 급상승했고, 소비사회로의 급속한 이행기를 맞아 시민 각자의 취향에 대한 권리의식도 크게 신장했다.

그 무렵 사회에는 이성의 기획들이 난무했고, 민주주의적 사회 설계를 둘러싼 논쟁들이 무수히 벌어졌다. 기성의 계간 잡지들과 새로 발행된 잡지들에서 사회 성격을 둘러싼 수많은 논쟁이 벌어졌고 일간지들은 그 난해한 논점들을 적극적으로 중계했다. 다분히 학술적이고 이념 편향성이 강한 논점들을 일간지가 이렇게 적극적으로 다루는 일은 이례적인 현상이었다. 또한 당시 막 등장하기 시작한 온라인 공간에서는 전문가가 아닌 대중 자신이 주체로 나선 논쟁들이 수없이 벌어졌다. 서구와 동구의 최신 이론들이 소개되었고 대학 외부에서 수많은 강의 전문 기관들이 생겨나 이러한 최신 이론들에 대한 공부의 열정을 북돋았다.

물론 1980년대에도 이러한 논쟁과 최신 이론들에 대한 열정적 학습 운동이 있었다. 하지만 그때의 논쟁은 진보적 사회운동의 공론장에 한정된 것이었고 대개는 지하에서 음성적으로 수행되었다. 반면 1990년대 이후 이 논쟁은 범사회적인 공론장에서 진행되었다. 한편 이러한 정치적 사회 설계를 둘러싼 공론장의 양성화는 논쟁 주체의 전문가화를 촉진했다. 동시에 많은 대중은 지적 관객이 되었다.

주목할 것은 이러한 '전문가화' 현상이 정치적 사회 설계 논쟁에서만 나타난 것이 아니라는 점이다. 사회 전 부문에 걸쳐 전문가화 현상이 빠르게 확산되었고, 그만큼 시민들은 각기 전문적 기능을 보유하지 않으면 안 된다는 열정 혹은 압박에 빠져들었다. 이제 학생들은 거리에서 시위자가 되기보다는 도서관으로 몰려들었고, 각종 강좌 기관들이 개설한 강의에 많은 수강자가 몰렸다. 이와 함께 부모들의 자녀에 대한 사교육 열기도 달아오르기 시작했다. 전례 없이 전 사회적 기조로 치솟은 이성의 기획이 전문가적 자긍심으로 살기 위한 혹은 그렇게 살아남기 위한 전 사회적 경쟁과 맞물리게 된 것이다.

한편 흥미롭게도 이러한 이성주의 강화와 경쟁 시스템으로의 빠른 전환 속에서 사람들은 감성적인 위로를 더 많이 필요로 하게 되었다. 특히 사회 낙오자만이 아니라 상승 가능성이 여전히 많은 이들에게도 위로와 격려라는 감성의 기획이 요청되었다. 전무후무한 대중문화의 왕성한 열기는 이러한 감성의 기획과 무관하지 않다. 하여 이 시기의 이성의 기획과 감성의 기획은 사회 엘리트층이라는 소비자를 대상으로 널리 확산되었다.

## 신앙의 이성적 기획
## '제자훈련'

사랑의교회와 온누리교회는, 이 교회들의 각기 다른 캐릭터는 이성과 감성에 대한 고조된 사회적 관심과 맞물려 굉장한 성과를 이룩했다. 먼저 사랑의교회의 캐릭터라고 말했던 '제자훈련'에 대해 이야기해보자. 제자훈련은 일종의 신앙에 대한 이성주의적 훈련 프로그램을 표상하는 용어다. 한국에서는 딕 요크Dick York라는 아일랜드계 미국인 독립선교사에게서 유래했다.

그는 1960년 대구에서 선교학교를 열었는데, 거기서 그

1960년 딕 요크 선교사와 대구의 선교학교 학생들.

가 10여 명의 제자들을 훈육한 강도 높은 훈련 아이템은 성서 읽기와 전도로 요약된다. 성서 읽기 훈련이란 한 문장으로 요약하면, '묵독默讀'하고 그 의미를 깊이 되새기는 신앙 훈련이다. 이는 딕 요크의 선교학교만의 현상은 아니었다. 중국의 복음주의 사역자인 워치만 니Watchman Nee, 倪柝声에게서 영향을 받은 왕중생(한국 이름은 권익원)이 한국에서 시작한 '지방교회운동'은 딕 요크와 여러모로 유사한 신앙운동을 펼쳤다. 해서 1960년대 후반 딕 요크 추종자들과 왕중생 추종자들 간에 치열한 경쟁과 갈등이 벌어지곤 했다. 또 1960년 미국 남장로회 소속 선교사인 세라 배리Sarah Barry에게서 영향을 받은 이사무엘도 유사한 이성주의적 신앙 훈련 프로그램으로 추종자들을 강도 높게 훈육했다. 훗날 그는 대학성경읽기선교회UBF를 만들어 대학생들에게 혹독한 지적 제자훈련을 실시했다.

이러한 신앙 훈련의 특징을 단순화하면 이성주의적 '성서 읽기'와 '전도'로 요약된다. 그때까지 한국에서는 음률에 따라 흥얼대며 낭송하는, 일종의 전근대 구술사회 선비들의 책읽기 같은, 성서 읽기가 일반적이었다. 그런데 딕 요크와 왕중생, 세라 배리의 제자들은 근대적인 문자사회의 읽기 특징인 묵독 훈련을 받았다. 낭송이 발성되는 소리의 외면적 효과가 의미 형성에 영향을 미치는 독서법이라면, 묵독은 내면화를 통한 의미 형성이 강화되는 독서법이다. 4-4조니 7-5조니 하는 사회의 관행적 음률에 따라 낭송되는 글의 호흡과 리듬이 글의 느낌을 만들어내고 그 의미의 기조에 영향을 미친다면, 묵독은 누구도 침범할 수 없는 개인적 기억들이 내면에서 글과 어우러지면서 의미를 만들어내게 하는 것이다.

이러한 묵독 훈련은 당시 지적인 성향의 청년들에게 영향을 미쳤고, 1970~1980년대 대학가에 널리 확산되었다. 대학생 중심의 선교단체들에서 시작된 'QT(Quite Time)'는 묵독 형식의 성서 읽기 훈련을 대표했다. 또한 성서 읽기를 체계화하여 소그룹 혹은 일대일 학습용 교재들이 번역 출간되고 자체 제작되기도 했다. 이러한 성서 읽기 붐은, 이런 식의 독서나 학습 현상에 낯선 교회와 신학대학과는 다른 지적 신앙 양식을 크게 발전시켰다.

하지만 여전히 부흥회식의 폭발적 감성 현상을 강조하

면서 부흥회와 산기도원 프로그램에 의존하던 대개의 교회와 신학대학에서는 이런 지적 신앙이 환영받지 못했다. 이는 대학생 선교단체들과 교회 간의 갈등으로 표출되기까지 했다.

한편 딕 요크의 전도 훈련은, 부흥회처럼 감성이 분출하는 이벤트 전도와 달리, 구원의 교리로 설득하는 방식의 포교법을 수련하는 데 초점이 있다. 이는 성서 묵독과 맞물린다. 즉 묵독하는 이는 내면의 상처와 사투를 벌이면서 그 상흔을 극복하게 하는 구원의 논리를 구성하게 되는데, 이 논리를 타인에게 전하는 것이 전도였다. 당연히 그는 확신에 차서 매우 논리적인 어법으로 타인을 설득하는 방식의 전도를 수행한다. 이는 매우 어려운 수련을 필요로 하기 때문에 전도의 대중화 프로그램으로는 한계가 있었다. 이에 세계대학생선교회CCC 한국지부에서는 세계본부에서 개발한 다이제스트 전도법인 '4영리 전도법'을 보급, 훈련시켰다.

하지만 많은 대학생 중심 선교단체들은 4영리 같은 다이제스트 전도법 대신 강도 높은 전도 훈련으로 전도사역자를 경쟁적으로 양성했다. 1960년대에 이성 중심 훈련으로 무장한 열정적 전도자들의 전도사역을 보면서, 당시 한국 교회는 이런 낯선 전도 방식의 수행자들을 가리켜 구원파라고 비아냥댔다. 전통 종교인 증산교의 한 분파에서 발전한 대순진리회가 1990년대 새로운 포스트모던 종교 형식으로 스스로를 전환시켜 적극적으로 포교 활동을 벌였는데, 사람들은 이들을 "도를 아십니까?"라는 포교의 도입부 문구로 기억한다. 이처

대형교회와 웰빙보수주의

럼 1960년대 딕 요크 제자들의 포교 행위를, 사람들은 "형제님/자매님 구원받으셨습니까?"라는 상투적인 도입부 문장으로 기억했다. 하여 구원파가 그들에 대한 세간의 별칭이 된 것이다. 이후 1970년대 초 이단 연구자인 탁명환이 구원파를 이단의 새로운 항목으로 소개하면서, 교계는 구원파라는 이름에 극도로 경직된 반응을 하게 된다.

이는 많은 구원파 포교자들로 하여금 그 낙인을 벗어버리기 위해 각고의 노력을 기울이게 했다. 하지만 그들이 만든 선교단체와 교회들 다수는 그 낙인에서 자유롭지 못했다. 세월호의 선주회사인 청해진해운의 실소유자인지를 둘러싸고 논란의 대상이 되었던† 세모그룹의 전 회장 유병언과 그의 장인 권신찬은 딕 요크의 제자로서, 세칭 '구원파'로 알려진 한 소종파의 지도자였다. 또 다른 구원파 그룹의 지도자인 박옥수 역시 딕 요크의 성서학교 출신이다.

한편 그런 불명예의 이름을 벗는 데 성공한 이들도 있었다. 특히 네비게이토선교회 한국지부를 만든 유강식은 딕 요크의 제자 중 한 사람으로, 1973년 빌리 그레이엄Billy Graham의 전도집회의 상담자 훈련 책임자로 지목되었고, 제5공화국 때

---

† 청해진해운의 실소유자라는 박근혜 정부의 주장은 법원에 의해 사실무근임이 밝혀졌다. 즉 박근혜 정부의 책임 떠넘기기 전략에 지나지 않았던 것이다. 세월호 사건에 대한 진상 조사는 제대로 밝혀진 것이 없을 정도로 시종 부실투성이다. 청해진해운에 관한 것도 마찬가지다. 하여 어떤 형태로든 전면적인 재조사가 필요하다.

1973년 여의도에서 열렸던 빌리 그레이엄 전도집회. ⓒ국가기록원

는 국가조찬기도회에 교계 지도자로 참여했다. 그는 이 과정
에서 점점 개신교 주류 집단이 인준하는 지도자의 한 사람으
로 부상했다. 하여 그가 주장한 성서 읽기 방식과 전도법은 더
이상 경계의 대상이 되지 않았고, 나아가 수많은 제자훈련 프
로그램들 가운데 정통적 위상을 지니게 된다. 한편 같은 시기
에 이사무엘의 대학성경읽기선교회도 지적 제자훈련의 활성
화에 일익을 담당했다.

　　이 대학생 선교단체들, 특히 유강식의 네비게이토선교회
는 딕 요크의 이성주의적 성서 읽기와 전도 훈련 유형을 '제자
훈련'이라고 명명했다. 이러한 이성적인 신앙 양식은 1980년
대까지는 아직 소수의 지적 대중 사이에서만 활성화될 뿐이

사랑의교회의 제자훈련 세미나 포스터

었다. 그런데 앞에서 말했듯이 1990년대에 이성적 기획이 전면에 나서기 시작하면서 제자훈련은 커다란 반향을 일으킨다. 이러한 분위기는 개신교 복음주의자들 사이에서만 일어난 것이 아니다. 진보 계열의 청년 및 대학생 단체들에서도 앞다투어 성서 및 신앙 교재들이 만들어짐으로써, 과거 지사적인 결단을 강조하는 신앙과는 달리, 체계적인 이성주의적 진보성을 담은 신앙에 대한 열정적인 학습 운동이 일어났다. 이렇게 1990년대 개신교에서는 진보든, 보수든 이성주의적인 대중적 공부에 대한 열정이 불타올랐다.

이러한 신앙운동을 주도한 것이 바로 사랑의교회였다. 1960~1980년대에는 대학생 선교단체들이 주도했지만, 이제는 사랑의교회를 비롯한 교회들이 제자훈련 프로그램을 실행에 옮겼다. 그중 사랑의교회의 제자훈련이 가장 큰 성과를 거두었고 이에 많은 교회들의 제자훈련 프로그램의 모델이 되었다. 이렇게 해서 사랑의교회는 제자훈련의 상징이 되었다.

즉 '구원파'로 낙인찍힌 이단화된 집단들과 선교 전문 신앙단체들의 훈련 프로그램으로 일부 지식인 신앙 대중에 국한된 현상이었던 것이, 사랑의교회와 더불어 교회의 캐릭터로 부상했고, 보다 폭넓은 교회 대중, 특히 교회들을 떠돌며 주권신자로 부상하고 있던 이들의 마음을 사로잡은 것이다.

# 5장

# 교회의 캐릭터화 2

## 귀족영성

### 성령운동과 자본주의

신사도운동 이론가인 피터 와그너Peter Wagner는 20세기 북미에서 일어난 성령운동의 역사를 3회에 걸친 '물결wave'로 유형화했다. 그에 의하면 '제1의 물결'은 1900년대 초의 '오순절운동', '제2의 물결'은 1960~1970년대의 '은사주의운동', 그리고 '제3의 물결'은 1980년대의 '신사도운동'이다.

피터 와그너가 말하는 성령운동을 나의 언어로 다시 이야기하면, 개신교적 감성이 일으킨 종교적 열광주의 현상이다. 소리의 현상인 방언, 몸의 현상인 경련, 그리고 그런 현상과 결합해서 나타난 몸과 정신의 치유 등이 성령운동의 핵심 구성 요소다.

그런데 내가 주목하는 것은 '그 시기'다. 성령운동의 첫 번째 물결이 휘몰아쳤던 시기는 미국의 급격한 산업화 과정에서 세계 각처에서 대대적으로 이주해 온 이들이 자본주의의 야만적 폭력성에 적나라하게 노출되어 있던 때다. 마크 트웨인Mark Twain과 찰스 더들리 워너Charles Dudley Warner가 1873년에 발표한 소설《도금시대The Gilded Age: A Tale of Today》에서 사용한 '도금시대'라는 풍자적 표현은 이후 많은 이들에게 당대 미국을 가리키는 가장 특징적인 표현으로 받아들여졌다. 당시 미국의 도시들로 이주해 온 이들의 수는 거의 3,000만 명에 육박했다. 그들은 극도의 저임금 노동에 시달렸지만 자본가들과 정치가들의 야합으로 그 현실은 조금도 개선되지 않았다. 이런 모순으로 가득한 현실이 마치 금으로 도금한 것과 같은 화려한 치장으로 은폐되고 있었다. 피터 와그너가 말한 첫 번째 성령운동이 일어난 시기가 바로 이때였다. 그리고 그 성령의 불길은 주로 '도금시대'의 피해자인 도시 하층민 사이에서 빠르게 확산되었다.

두 번째 물결은 소비사회로의 이행이 급격하게 진행되면서 배제와 박탈의 새로운 양상이 심화되던 시기에 일어났다. 양차 세계대전이 끝난 뒤 미국 사회에는 바야흐로 황금시대가 도래했다. 산업은 비약적인 기술 발전에 힘입어 효율성이 극대화된 대량생산체제에 돌입하게 되었다. 양차 세계대전 이후 정치적 주권의 신장만큼이나 경제적으로 성공한 광범위한 중간층이 대두하여 대량생산체제의 생산물들을 게걸스럽게 소비했다. 하지만 얼마 안 가서 드러난 것은 소비자의 소비 능력의 신장 속도가 대량생산체제의 생산 능력의 속도를 결코 따라갈 수 없다는 사실이었다. 이른바 과잉 생산 문제가 자본주의의 구조적 모순임이 확인되었다.

바로 이런 배경 아래서 소비자본주의가 대두한다. 중단 없는 소비를 가능하게 하기 위해 고안된 자본주의적 테크닉이 바로 '기호가치'의 발명이다. 사람들은 기능적 필요에 의해 소비하는 것이 아니라 다른 이와 자신을 '구별짓기' 위해 소비하는 욕망의 장치로 무장하게 되었다. 그런 구별짓기 욕망을 최대한 활용하여 끝없는 소비를 발생시킨 것이다.

소비자본주의 시대의 대중은 '욕망하는 대중'이 되었다. 자본주의는 양차 세계대전 이후 정치적 주권이 급신장한 시민들에게 경제적 주권의식도 향유하라고 속삭였다. 곧 그들은 노동자가 아니라 '소비자'로 호명되었다. 소비자로서 남들과는 다른 자신을 확인하라는 속삭임에 욕망이 불타오른 대중은 게걸스럽게 소비하게 되었다.

이런 사회 분위기에서 소비자로서 주권의식을 향유하는 데 실패한 대중은 새로운 유형의 상실감에 빠졌다. 특히 상대적 결핍이 일으키는 심리적 부작용이 클수록 대중은 무력감에 빠지고 알코올과 마약에 의존하게 되었다. 소비자본주의 시대에 배제와 박탈은 바로 이렇게 나타났다.

두 번째 성령운동은 무력감에 빠지고 알코올과 마약에 대한 의존성이 커진 집단 사이에서 가장 활기 있게 일어났다. 성령운동 지도자들은 그들에게 내재된 소비사회적 욕망을 영적 구원과 직결시켰다. 그 연결 고리 중간에 질병의 치유 현상이 있다. 그들은 폭력에 더 많이 노출되었고, 영양 상태가 부실하여 면역력도 낮았기에 질병은 그들을 괴롭히는 가장 처절한 일상의 하나였다. 성령운동 지도자들은 구마사로서 대중을 질병의 고통 속으로 몰아넣고 있던 악령을 추방하는 의례를 성공적으로 수행했다. 그리고 이런 성공적인 구마 행위는 소비사회적 욕망과 영적 구원이 동시에 가능하다는 믿음을 불러일으켰다.

첫 번째 성령운동 시대에도 구마사들이 있었다. 하지만 이때는 자본주의에 대한 공포와 반발감이 구마사로 하여금 악령 추방의 의례를 가능하게 하는 동력이었다. 전통적인 근본주의 신앙은 이렇게 성령운동과 결합되었다. 근본주의 신앙이란 체험하고 있는 현실을 악으로 설정하고 그것에서 탈출하는 것을 근본적인 진리의 세계로 회귀하는 것으로 해석하는 종교적 믿음 체계를 말한다. 여기서 세속적 체험은 영적 구원과는 배리 관계에 있다. 한데 두 번째 성령운동에서는 이와 달리 세속적 성취와 영적 성취가 결코 대립적이지 않았다. 아니, 그 둘은 동시에 획득할 수 있는 것이었다. 달리 말하면 '변형된 근본주의'였다. 이런 변형된 근본주의 신앙으로 해석된 성령운동을 '은사주의'적 성령운동이라고 부른다.

한편 세 번째 성령운동의 물결은 신자유주의 체제로의 변동이 폭력적으로 진행되던 때에 불타올랐는데, 이에 대해서는 뒤에서 좀 더 이야기하겠다.

이상에서 정리한 것처럼 세 번의 성령운동 물결은 모두 자본주의 구성 양식의 급격한 변화와 관련 있는데, 특히 그 변화 과정에서 심각한 고통의 상황에 놓인 이들 사이에서 성령운동의 바람이 휘몰아쳤다. 자신들이 겪고 있는 고통에서 벗어날 이성적인, 즉 계산 가능한 출구가 보이지 않는 상황에서 개신교적 감성의 정치를 통해 자본의 폭력으로부터 해방구를 찾아내려는 현상이 바로 성령운동이었다.

이때 성령운동의 지도자는 대중의 감성을 집단적으로 고조시키는 전문가다. 그를 매개로 해서 성령운동의 대중은 절망이 희망으로 반전되는 몸과 정신의 체험을 하게 된다.

내가 주목하는 것은 세 번째 물결인데, 이와 관련해서 우리가 주목할 것은, 앞의 두 번의 물결은 자본주의 변화 과정에서 주변으로 밀려난 대중 사이에서 더 강렬하게 발생했고, 그 지도자들도 그 체제에서 배제된 자들이었다는 점이다. 한데 놀랍게도 세 번째 물결의 주요 대중은 사회적으로 결코 주변화된 이들이 아니었다. 비교적 안정적인 자산 능력을 보유하고 좋은 직업을 가졌으며 향후에도 상승 가능성이 무궁무진한 계층 출신이 많았다. 그리고 지도자들도 대개 매우 성공적인 사회적 능력을 갖춘 이들이 많았다.

그것은 신자유주의 시대에 위기에 빠진 이들이 사회 주변부로 내몰린 이들만이 아니라는 사실과 관련된다. 든든한 가문 출신이라고 해도 혹은 남부럽지 않은 직장을 가졌다고 해도, 한순간에 몰락할 수 있다는 신자유주의 시대의 살벌한

죽음의 생태학은 사회 구성원 모두를 끝없는 자본주의적 쇄신의 구렁텅이로 몰아넣었다. 이제 사람들은 각자 자신의 몸을, 효율성을 최대화하는 기계로 간주하고 그것이 잘 작동하도록 끝없는 자기계발에 매진해야 했다. 한데 그렇게 자기계발에 매진하는 동력은 자기 자신의 내적 가능성 속에 내재되어 있다. 하여 그 가능성을 발견하고 그것을 최고로 활성화하는 일이 요구되었다.

문제는 그러다 많은 이들의 기력이 '번아웃burn-out' 상태가 되어버렸다는 데 있다. 그런 이들, 존재의 내적 기력이 고갈된 이들은 무기력에 빠지고 정신과 육체의 질병에 시달린다. 하지만 병원에서는 이렇다 할 진단과 치료법을 제시하지 못한다. 중상위계층의 사람들도 이런 '번아웃' 증상에 시달리고 있었는데, 바로 이런 계층 사이에서 성령운동이 일어났다. 세 번째 성령운동의 물결이 바로 그것이다.

## 신앙의 감성적 기획
### '귀족영성'과 온누리교회

세 번째 물결의 성령운동이 한국에 상륙한 것은 1980년대 초 대학가를 중심으로 활동했던 일부 성령운동 계열의 선교 전문 신앙단체들에 의해서다(마라나타선교회, 예수전도단 등이 대표적이다). 하지만 1980년대 말 온누리교회가 '경배와 찬양' 프로그램을 시작하면서 본격적으로 확산되기 시작했다.

앞 장에서 이야기한 제자훈련 프로그램과 이성 중심적 신앙 기획이 탁명환에 의해 이단으로 지목받으면서 교회의 강력한 저항을 받다가 교회 프로그램으로 수용되기까지 20년 가까운 시간이 흘렀던 것과는 달리, 온누리교회의 프로그램은 교계의 이렇다 할 저항이 없었다. 온누리교회의 프로그램으로 도입된 이후에 교계 일각에서는 끊임없이 세 번째 물결의 성령운동에 대한, 그것의 다른 이름인 신사도운동에 대한 이단 시비가 제기되었다. 그럼에도 불구하고 이것은 1990년대 중반 이후 이 교회의 성장에 중요한 촉매 역할을 했고, 1990년 대 말 이후에는 전국적인 붐을 일으켰다.

그 프로그램으로 가장 유명한 것이 '경배와 찬양'이다. 이는 예배의 모든 요소가 설교자에게 집중되는 전형적인 예배 형식을 파괴하고, 설교자만이 아니라 찬송, 공간 구성과 운용, 조명 등 다양한 구성 요소들이 '따로 그리고 서로 간섭하며' 일으키는 메시지 효과를 통한 해체적 예배 프로그램이라고 할 수 있다. 이때 워십worship 디자이너라는 예배 기획자의 전문적 역할이 중요하다. 하여 경배와 찬양은 한 편의 잘 준비된 공연처럼 실연된다. 이때 설교는 예배의 중심이 아니라 일부다. 메시지가 설교에만 집중되는 것이 아니라 프로그램의 구성 요소 곳곳에 깊이 스며 있는 것이다. 이러한 해체적 예배 기획은, 설교자의 말을 통해 이성적 해석을 자극하는 개신교의 전통 예배 양식과 달리, 예배 참여자의 감성을 자극해 종교적 메시지를 체감하게 한다는 점에서 성령운동과 친화적이다.

그렇다면 왜 이런 캐릭터의 온누리교회에 수평이동을 거듭하던 신자들이 정착하게 된 것일까? 앞 장에서 말했듯이, 수평이동을 반복하던 신자들은 정보 능력이 상대적으로 뛰어난 이들이며, 그러한 능력에 걸맞게 경제적·사회적 지위를 갖춘 이들이 많다. 그리고 많은 교회들은 종교시장에서 이들의 까다로운 종교성에 유념하며 종교상품 이미지로서 교회 캐릭터를 창출하려 했다. 즉 이들은 소비사회에서 소비의 주체인 주권시민에 대응되는 존재로 규정할 수 있는 '주권신자'였다. 그런데 그런 이들이 왜 소외계층들이나 선택한다는 성령운동적 신앙에 집단적으로 매료된 것일까?

한국계 독일 철학자 한병철이 쓴 《피로사회》는 이를 이해하기 위한 하나의 유용한 정보를 제공해준다. 앞에서 간략히 이야기한 것과 같은 현상을 그는 다음과 같이 이야기한다. 신자유주의 시대는 무한 긍정의 정신으로 무장하며 더 높은 성과를 위해 끊임없이, 그리고 자발적으로 노동하는 인간상을 강조한다. 성공한 자도 멈추거나 속도를 늦출 수 없다. 그 순간 그는 추락의 나락으로 떨어지는 위기를 겪게 될 것이기 때문이다. 그런 사회가 바로 신자유주의 세상이다. 하여 이 시대의 사람들은 누구든 쉼 없이 자기를 불태우며 노동해야 한다.

문제는 노동의 대열에서 낙오된 자만이 추락의 위기를 겪는 것은 아니라는 데 있다. 낙오되지 않으려면 성공을 위해 쉼 없이 달려야 하는데, 그 과정에서 몸과 정신의 자원이 만성

피로에 소진(번아웃)되어버림으로써 '추락'의 위기를 겪게 되는 경우도 있다. 그런 많은 이들이 피로 질환 혹은 소진성 질환에 걸린다. 소화기 계통의 질환들, 대사증후군(고혈압, 고지혈증, 당뇨), 심혈관계 질환, 우울증, 조울증 등에 시달리는 것이다. 나아가 소진성 질환에 걸리지 않았어도, 추락의 예감 속에 과도한 스트레스를 견디다 못해 결국 무기력 상태에 빠지는 경우도 빈번하다. 이들은 일터에서 밀려나고 가정이 파괴되고 사회관계가 무너진 자들이 아니다. 아니, 그 반대다. 무기력증이나 소진성 질환 같은, 이미 헤어나올 수 없을 만큼 추락한 이들이 더 잘 걸린다는 증상에, 모든 것이 건재한 듯 보이는 중상위층의 귀족적 시민들도 고통을 겪고 있다.

　한국에서 이러한 증후는 1997년 외환 위기와 더불어 본격화되었다. '경배와 찬양'으로 표상되는 온누리교회적 영성이 전국화된 시기와 정확하게 겹친다. 즉 중상위계층 사이에서도 소진성 질환이 만연한 가운데 이러한 질병의 치유를 위한 종교적 기획들이 등장하던 시기에, 온누리교회의 성령운동은 그중 가장 성공한 종교상품에 속한다. 예배에서 무대와 객석, 대중과 설교자로 양분되던 중심-주변의 이분법이 해체되고, 설교자의 강론에 집중되었던 메시지가 예배를 구성하는 요소들 속 여기저기서 불쑥불쑥 튀어나온다. 특히 '경배와 찬양'이라는 명칭에서 드러나듯 찬양은 그 자체가 하나의 메시지다. 일렉트릭 기타와 어쿠스틱 기타가 중심축을 형성하여 건반과 타악기와 어우러지고, 율동이 섞인 찬양대의 팝적이면

온누리교회의 '경배와 찬양' 집회.

서도 진취적인 사운드로 예배 대중의 감성을 자극한다. 대중
은 찬양대와 함께 노래하고 율동하면서, 찬양대의 관람자인
동시에 일원이 된다. 그리고 찬양을 이끄는 이가 사이사이에
간단명료한 멘트를 던져서 대중과 함께하는 경배 예배의 메
시지를 명료히 한다.

이 멘트들은 내러티브 없이 한두 단어, 한두 문장에 그친
다. 하여 그 멘트는 전체 예배의 일부이면서도 예배에 견고히
묶여 있지 않고 따로 튀어나와 예배 대중의 개인 속으로 파고
든다. 예배 대중 개인이 겪고 있는 실존 상황과 맞부딪친다.
그런데 그 멘트의 내용은 대부분 축복과 윤리에 초점이 맞춰
져 있다. 하여 예배 대중은, 전통적 예배의 집단성과는 달리,
개개인을 호명하여 축복을 선사하며 삶의 신앙적 규범을 부

손기철 장로의 안수를 받고 쓰러지는 교인들.

여하는 예배와 만난다. 이것이 '경배와 찬양'이 만들어내는 예배 효과다. 그리고 그 과정에서 일종의 치유 작용이 시작된다.

한데 종종 이 예배는 더 본격적인 치유집회와 만난다. 온누리교회에도 손기철 장로라는 과학자이자 대학교수인 전문 치유사가 활약했다. 목사 자신이 퇴마사였던 은사주의적 교회들과는 달리, 한 평신도가, 그것도 사회적으로 매우 성공한 이가 그 역할을 담당한다. 최근에 그의 사역 활동에 이단 시비가 일면서 그의 집회는 온누리교회와 분리되어 다른 곳에서 계속되었지만, 초기에는 이 교회의 성장에 주요 요소였다.

그의 집회는 방언과 경련 등이 뒤섞이면서 무질서한 상태에서 은사 체험과 치유가 일어나는 전통적 치유집회와 달리, 매우 질서 있게 진행되며 윤리적 강론의 비중이 매우 크다. 또 일반적인 은사주의 퇴마사들은 병원의 치료therapy에 적대적인 경향이 있는데, 그는 이 둘을 이분법적으로 가르지 않고 치유healing와 병행할 것을 권고한다. 현실의 모든 것을 상실한 이들이 마지막 순간에 의지하는, 하여 일반 의료체계와 극적으로 분리함으로써 치유를 실현하려는 은사주의적 치유집회와 달리, 모든 것을 포기하지 않고도 축복의 징표를 얻어낼수 있고, 사회 질서에서 일탈하지 않는 윤리적 삶에 대한 요청이 동반된 축복이 강조되는 것이다. 요컨대 그의 집회는, 제3의 물결에 속하는 일반적 성령운동처럼, 자신의 것을 '다 걸지 않아도 되는' 이들의 신앙 형식과 내용을 담고 있다.

이런 점에서 온누리교회가 표상하는 성령운동의 영성은 '귀족적'이다. 신앙에 삶을 다 걸지 않아도 되는 이들에게 닥친 삶의 위기를 축복으로 되돌려준다. 동시에 축복의 수혜자들에게 윤리를 부과한다. 즉 온누리교회적 귀족영성은 신비체험이자 윤리적 재무장의 과정이다. 내가 1장에서 강조했던 중간 범주의 존재들이 윤리를 통해 웰빙적 삶을 추구하고, 나아가 사회의 계몽적 주체로서 자기 자신에 대한 자의식을 갖는 것과 잘 결합되는 신앙의 양식이 이 교회의 귀족영성 속에 구현되고 있다.

# 교회들의 롤 모델이 된
# 캐릭터 교회들

1960~1990년 사이 대성장기에 대형교회들은 대개 유사했다. 이때 중요한 것은 목사의 카리스마적 리더십이었다. 권위주의 시대 독재자의 그것처럼 일종의 영웅주의가 대성장기를 이끌었다. 한데 주권신자들이 수평이동을 거듭하는 가운데 그들을 정착시키는 데 성공한 대형교회들은 종교시장의 상품으로서 교회를 대외적으로 이미지화하는 캐릭터가 필요했다. 담임목사의 독점적 리더십은 여전하지만 그는 떠돌다 정착한 주권신자들의 직업과 연령, 그리고 기호에 부합하게끔 맞춤형 사역을 추구한다. 그렇게 교회의 캐릭터화를 선도한 교회와 담임사역자가 사랑의교회-옥한흠과 온누리교회-하형조였다. 이 교회들, 그리고 그 사역자들은 1990년대 후반 이후 한동안 한국의 무수한 교회들과 담임사역자들의 롤 모델이 되었다.

# 6장

# 교회 건축과 캐릭터 대형교회

## 1990년대, 민주주의 시대이자 자본주의 시대

4장과 5장에서 나는, 1990년대 중반 이후 캐릭터화를 선도하여 성공을 이룩한 두 교회에 대해 이야기했다. 이 교회들의 빠른 성장이 '1990년대'라는 변화된 시대성을 두 가지 다른 방식으로 반영하고 있다는 점 때문이다. 그것을 '이성의 기획으로서 제자훈련'과 '감성의 기획으로서 귀족영성'이라고 요약했다.

그 변화된 시대성에 대해 좀 더 살펴보자. 권위주의 시대에는 절대 권력의 영웅주의적 통치자와 그를 향한 '오직 충성'이라는 덕목으로 무장한 수동적 국민, 그러한 '수직의 직선'으로 구축된 사회가 있었다. 이 수직의 직선적 총화로 형성된 성장 동맹은 초고속의 국가 발전을 이룩하는 데 결정적 동인이었다. 그리고 그 시대에 국가와 더불어 초고속 동반 성장을 이룩한 교회들도 카리스마적 지도자라는 절대 1인에 대한 충성심으로 결속된 종교집단이었다.

하지만 1990년대 이후 정치에서 영웅주의가 퇴출되기 시작했고 '주권적 존재'로서 시민이 민주주의를 위한 주역으로 부상했다. 흥미롭게도 이러한 변화의 직접적 계기는 1987년 대통령 직선제 도입이었다. 이제 정치인은 주권적 시민의 선택을 받기 위해 자신과 자신의 세력을 '캐릭터화'해야 했다. 여전히 대통령은 '제왕적 권력'을 장악하고 있지만, 그럼에도 주권적 시민의 선택을 받기 위한 노력이 필요한 시대에 돌입한 것이다. '보통사람들의 국가'(노태우 정부), '문민정부'(김영삼 정부), '국민의 정부'(김대중 정부), '참여정부'(노무현 정부), '녹색성장'(이명박 정부), '창조경제'(박근혜 정부) 같은 캐치프레이즈는 대통령과 집권 세력이 시민에게 어필하기 위해 새 정부를 캐릭터화하려 했던 흔적들이다.

한데 이러한 캐릭터 정부의 출현에서 중요한 전제 조건은 주권시민의 대두에 있다. 이때는 국민의 생활수준이 한결 높아졌고 고학력층의 수도 비약적으로 늘어났다. 그 무렵 사회에는 민주국가를 설계하기 위한 무수한 강좌와 공부 모임이 만들어졌다. 그리고 수많은 저작들이 출간되었다. 인문·사회 비평 계간지의 전성시대이기도 했고, 무수한 논쟁이 온·오프라인의 공론장에서 벌어지던 때이기도 했다. 전례 없는 광범위한 지적 탐구 붐이 일어난 것이다. 주권시민의 대두는 대안적 사회 설계를 위한 이와 같은 활발한 이성적 탐구의 과정에서 나타났다.

한편 이 시대는 민주주의의 시대인 동시에 자본주의의 시대이기도 했다. 독재 권력의 손아귀에서, 국민만이 아니라, 기업도 벗어난 것이다. 아니, 사실 기업들은 거의 방임에 가까울 만큼 무분별한 자율 공간으로 풀려났다. 고삐 풀린 기업들은 어떤 공공적 책임 의식도 없이 게걸스러운 욕구를 무한히 발산하는 시장을 만들어 시민을 유혹했고, 시민은 그곳에서 탐욕의 노예가 되어 자본주의적 경쟁 시스템 속으로 거칠게 빨려들어갔다. 그런데 한번 들어가면 헤어나오기 어려운 그 무한 경쟁의 질서 속에서 사람들은 몸과 정신이 피폐해갔다. 그 시스템에서 경쟁력을 지닌 이들도 예외는 아니었다. 하여 자본주의에서 벗어날 수는 없어도 그 체제가 일으키는 질병에서 벗어나려는 이들은 온갖 치료와 치유 프로그램의 열광적 소비자가 되었다. 치료가 과학적으로 규명된 질병을 낫게 하려는 의학적 행위를 가리킨다면, 치유는 질병에서 벗어나려는 문화적이고 영적인 행위를 뜻한다. 그런 점에서 치료 행위가 이성주의적 프로그램이라면, 치유 행위는 감성적 프로그램의 성격이 강하다. 특히 종교적 치유는 감성의 기획으로서 질병으로부터의 해방을 다룬다.

바로 이런 상황에서 개신교 일각에서 각각 이성과 감성 부문의 종교상품으로 캐릭터화된 신앙 프로그램들이 제시되

었다. 앞의 두 장에서 말했듯이 제자훈련과 귀족영성이 그것
이다. 그리고 수많은 주권신자들은 그것을 열렬히 소비했다.
사랑의교회와 온누리교회의 빠른 성장은 1990년대라는 시대
성을 반영한 결과라고 할 수 있다.


# 1980년대,
## 교회 건축과 대형교회

시간을 조금 앞으로 돌려보자. 캐릭터화된 대형교회가 탄생
하는 1990년대 중반 교회의 위기가 엄습해 오던 시기와 달리,
한국 교회가 마지막 성공 가도에 있던 1980년대에 대형교회
의 탄생이 러시를 이루었다. 이 교회들 중 일부가 1990년대
중반 어간에 캐릭터화된 교회로 특성화됨으로써 후발대형교
회 유형 교회로서의 성격을 좀 더 분명히 드러내게 되었다.

　　여기서 주목하려는 것은 1980년대에서 1990년대 중반
으로 이어지는 시기에 후발대형교회 유형의 교회가 탄생하는
경로에 대한 것이다. 특히 그 경로 의존성을 낳은 1980년대
교회 성장의 조건에 대해 이야기하고자 한다. 이러한 경로는
교회가 성장하여 대형교회가 되는, 나아가 후발대형교회 유형
의 교회로 정착하는 전형적인 선례가 된다. 즉 이후 수많은 후
발대형교회 유형 교회의 탄생은 대개 이와 유사한 경로를 따
라 등장한다. 왜 1980년대에 성공한 대형교회들 가운데 다수

가 1990년대 중반에 캐릭터화된 교회로 변신하면서 더 큰 성공 가도를 달려 좀 더 분명한 후발대형교회적 성격을 드러내게 되었을까?

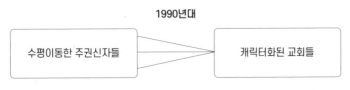

1990년대

| 수평이동한 주권신자들 | → | 캐릭터화된 교회들 |

수평이동한 주권신자들이
캐릭터화된 교회들로 모여들었다.

우선 앞 장들에서 이야기한 것들을 이 장의 논지를 위해 다시 정리하면 이렇다. 1990년대 중반부터 수평이동을 하는 주권신자들이, 그중 적지 않은 이들이 정착하는 데 교회의 캐릭터화가 유효했다. 캐릭터화된 교회들로 많은 수평신자들이 재정착하게 되었고, 이 과정에서 후발대형교회 유형의 교회가 탄생했다.

자, 그럼 1980년대에 대형교회로 부상한 교회들에 대해 좀 더 이야기해보자. 이향순과 이광순이 공동 연구한 논문 〈도시 구조의 변동과 대형교회의 성장〉(2002)에 의하면, 1980년대에 대형교회로 성장한 교회들 중 상당수가 강남 지역에서 나왔다. 그것은 서울이 근대 도시로 발전하는 과정에서 실시된 국가정책의 효과다. 한국전쟁 이후 서울로 인구가 몰려들면서 도시가 수용할 수 없는 인구 과잉 상태에 놓였다. 이른바 과잉도시화over-urbanization 현상이 1950~1960년대 서울의

영동 신시가지 조감도(1971).

가장 특징적인 양상이었다. 이에 대한 정부의 대책은 서울의
공간을 양적으로 확장하는 것이었다. 첫 번째 정책은 강북의
사대문 인근과 영등포 지역에 한정된 서울을 강의 남쪽 지역
으로 확장하는 것이었다. 그 면적이 이전의 서울 지역 전체보
다 조금 더 큰 대규모 교외화◆였다. 당시의 용어로는 '영동'◆◆
지구 개발계획으로, 1963년 법률적으로 시행되기 시작해서
1973년 이후 본격적으로 이주가 시작되었다.

---

◆ 교외화(sub-urbanization)는 도심에서 교외로의 도시 확장을 의미한다.
◆◆ 영등포 동쪽 지역을 가리키는 용어로, 오늘의 강남구, 서초구, 송파구 일대.

두 번째 확장 정책은 1989년 노태우 정권 때 진행되었는데, '주택 200만 호 건설 계획'이라는 이름으로 서울 인근 몇몇 지역에 신도시를 개발하여 서울의 부속 도시로 만드는 것이었다(두 번째 교외화다). 이때 5개 신도시가 매우 신속하게 건설되는데, 특히 강남과 인접한 분당이 다른 신도시들보다 월등히 발전한다. 이러한 발전은 1990년대 중반에 절정에 이른다(그리고 2010년대에는 강동 지역이 집중 개발된다).

그런데 강남과 신도시 개발을 성공적으로 수행하기 위해 정부는 안정 계층을 이 지역으로 유치하는 조치들을 노골적으로 밀어붙인다. 특히 이곳에 현대적인 아파트 대단지가 조성됨으로써 자산 능력이 있는 젊은 층이 대대적으로 이주하게 된다. 그리고 이 지역에 대한 다양한 특혜 조치가 마련된다. 여기에 토건 세력들이 이러한 정책 기조에 기생하여 활개치면서 지대가 다른 지역들보다 훨씬 크게 상승한다. 즉 이곳으로 이주한 젊은 중산층 이주민들은 지대 상승으로 인해 '더 안정된' 중상위계층으로 부상하게 된다.

여기서 강남과 그 주변 지역들(신도시 분당과 서울의 강동 지역 등)에 대형교회로 성장한 교회가 집중되었다는 점을 상기하자. 그것은 무엇보다도 대단지 아파트로 인구 집중이 빠르게 일어난 덕이다. 강남의 인구는 1970년대에 빠르게 증가하기 시작하여 1980년경부터 급가속되었고 1990년경에 절정에 달했는데, 이후 큰 변화 없이 유지되고 있다. 즉 강남으로 인구 유입이 급격히 일어난 시기는 1980년대이고, 바로 이때에 많은 대형교회가 탄생했다. 이 지역 주민들과 이 교회들의 신자는 다른 지역들의 거주민보다 자산 증식이 훨씬 두드러졌다. 물론 지대 상승이 가장 중요한 요인임은 말할 것도 없다. 또한 다양한 공공시설, 교육시설, 상가 지역 등이 집중 투자된 덕에 강남권 이주자들은 사회적 기회도 더 많이 누렸다. 여기에 그런 이들이 집중적으로 모이고 자주 만남의 기회를 갖게 됨으로 인해 긴밀한 공적·사적 연결망이 형성된 대형교회 신자들은 더 유리한 여건을 마련할 수 있었다. 그것은 1980년대 강남권으로의 인구 유입 현상과 그들의 중상위계층화 현상이 이 지역의 대형교회 현상으로 이어졌음을 뜻한다.

담임목사들이 카리스마적 리더십으로 신자들의 총화를 이룩하고 그것을 성장에 집중 투여함으로써 대형교회로의 성장이 이룩된다는 공식은 이때에도 예외 없이 적용된다. 다만 이 시기의 특이점은 그 리더십이 '교회 건축'과 긴밀히 결합되어 있다는 데 있다. 그들은 신자들을 총동원하여 대규모 교회 건축에 성공했고 그것이 결과적으로 교회의 비약적 성장에 기폭제가 되었다. 즉 강남·강동·분당이라는 지역의 특성과 교회의 독점적 리더십이 결합된 결과 대규모의 교회 건축이 실현되었다는 얘기다.

대규모 교회 건축은 막대한 비용을 조달하지 않으면 불가능하다. 이때 수완 있는 목사들은 신자들을 설득하여 발 빠르게 개발 초기에 큰 땅을 비교적 저렴하게 매입하거나 (사회적 권력을 가진 신자들의 힘을 빌려) 대단지 아파트의 종교부지 입

광림교회 담임목사인 김선도는 신동아그룹 회장에게
3억 원을 빌리고 신자들에게 2억 원을 기부받아, 1976년부터 강남구 신사동에
대규모 교회당 건축을 시작하여 1978년 완공한다.

주권을 획득하는 데 성공한다. 이것은 비용 절감에 절대적으로 중요하다.

하지만 교회당 건축은 일반 건축보다 훨씬 많은 비용이 소요되는 게 상례다. 예배당은 높게 올라간 돔의 기둥을 따로 두지 않게 가설하는 공법이 필요하고, 교회 시설 곳곳을 최고급 재질의 자재로 건축한다. 하여 신자 규모에 비해 월등히 큰 교회당 건축을 시도하는 것은 무모한 계획일 수 있다. 그런 상황에서 신자들을 설득하는 것은 카리스마적 리더십의 특별한 능력에 속한다.

물론 그것은 신자들이 그럴 여유가 있어야 가능한 일이

다. 앞에서 보았듯이 강남·강동·분당이 서울과 인근 신도시의 다른 곳들과 명확히 대비되는 점은 대규모의 중상위계층이 유입되고 지대의 급격한 상승으로 그들의 자산이 빠르게 증가했다는 사실에 있다. 그들은 지대로 인한 초과 이윤의 상당 부분을 건축 헌금으로 교회에 기부했다. 그 결과 대규모의 교회당이 건축되었고, 많은 이들이 이 교회들로 몰려들었다.

오늘날 강남 못지않은 중상위계층 밀집 지역이고 지대 역시 급격히 상승한 목동과 과천의 경우에는 대형교회가 강남권에 비해 현저히 적다. 그것은 이 지역 중상위계층의 규모가 강남권보다 훨씬 적었기 때문이다. 그 인근 지역은 여전히 중하위계층이 많고 지대 상승이 상대적으로 지체된 곳들이기에 대규모 교회당 건축을 위한 재원 마련이 여의치 않았다.

## 교회의 캐릭터화와
## 자본 능력

그런데 1990년대 중반에는 1980년대와는 다른 상황이 도래했다. 교회와 개신교에 대한 사회적 신망도가 추락했고 선교의 상황은 급격히 나빠졌다. 이는 새 신자의 유입이 현저히 줄어들었다는 것을 의미한다. 하지만 더욱 치명적인 것은 교회를 떠도는 신자들의 면면이 달라졌다는 점이다. 신자들의 수평이동의 주된 이유였던 결혼이나 이사는 그 비중이 크게 줄었다. 결혼율은 점점 낮아지기 시작했고, 서울의 교통이 발전하면서 이사로 인한 교회 이동의 필요성이 현저히 감소했다. 또 이전 시대를 풍미했던 카리스마적 리더들이 사망하거나 은퇴함에 따라 그들을 따라 교회를 옮기는 신자들도 줄었다.

반면 교회나 목사에 대한 실망이 교회를 떠나게 되는 더 중요한 이유가 되었다. 교회 간 수평이동에 대한 조사 결과에 따르면, 교회나 목사에 실망하여 교회를 떠나는 이들 가운데 30~50대 연령층의 학력이 높고 자산이 많으며 정보 능력이 뛰어난 교회의 주요 직분 수행자가 많았다. 내가 말한 이른바 '주권신자'들이 수평이동을 거듭하는 신자들의 상당수를 차지하게 된 것이다.

게다가 1990년대 중반 이후 정보 소통의 양과 질이 크게 향상되면서, 교회와 목회자에 대한 집중적인 고민을 통해 교회를 선택하려 했던 수평이동신자들의 기준은 더 까다로워졌다. 이 과정에서 이 수평이동신자들이 주권신자로서 주체화되어갔고, 그들이 재정착하는 데 일부 캐릭터화한 교회들이 더 유리했다는 논점과 연결된다.

문제는, 앞의 두 장에서 얘기한 제자훈련이나 귀족영성 같은 캐릭터화가 담임목사의 의지만으로는 용이하지 않다는 데 있다. 실제로 이 프로그램들이 붐을 일으키면서 수많은 교회가 앞다투어 시행했으나 일부를 제외한 대부분의 경우 교회 성장으로 이어지지 못했다. 더 철저하게 장기간 제자훈련을 시행했거나 영성 프로그램을 도모했던 선교단체들도 그런 프로그램으로 규모의 대대적 확장을 이룩하지는 못했다. 반면 사랑의교회와 온누리교회는, 담임목사의 적극적인 의지 못지않게, 유명 강사와 훌륭한 시설 그리고 전문적 홍보·기획과 결합된 프로그램을 시행하는 것이 가능했다. 그것은 이 교회들의 인적·물적 자본 능력이 월등했다는 사실과 무관하지 않다. 바로 이 점이 결정적으로 중요한데, 제자훈련과 귀족영성이 교회 성장과 결합하기 위해서는 막대한 자본을 통한 부대조건들이 결합될 필요가 있었다.

하여 여기서 1980년대의 도시 개발 프로젝트로 인해 지대의 비정상적 상승 혜택을 많이 누린 지역에서 대규모 교회 건축이 있었고 그로 인해 대형교회가 탄생한 것이 교회의 캐릭터화에서 대단히 중요한 전제 조건이었다는 결론에 이르게 된다. 그래서 캐릭터화된 대형교회는 강남권에 집중될 수밖에 없었다. 후발대형교회 유형의 교회는 1980년대 이후의 사회 경제 지형에서 자산 축적에 성공한 중상위계층의 종교 커뮤니티로 형성되었다.

캐릭터화된 교회들의 성공 필요조건은 자본 능력이다.
1980년대 교회 건축으로 대형화된 교회들의 자본 능력은 그것을 가능하게 했다.

한편 사랑의교회와 온누리교회, 이 두 캐릭터 교회의 모델은 2000년대에 오면 많은 개신교 신자들 사이에서 긍정적 이미지가 격하되거나 반전되었다. 하지만 그것이 대형교회의 캐릭터화 현상의 종말을 의미하는 것은 아니었다. 더 많은 교회들이 다른 방식으로 다양하게 캐릭터화를 모색하는 시대가 이어진 것이다. 그리고 그 과정에서 주권신자의 신앙적 정치문화가 새롭게 형성되어갔다. 한국 사회의 보수주의는 1990년대 중반 이후 이렇게 변모하면서 발전하고 있었다.

# 7장

# 2000년대 보수대연합의 시대

## 1990년대적
## 캐릭터 대형교회의 좌초

1990년대 중반 한국 개신교 신자들에게 가장 주목받았던 사랑의교회와 온누리교회의 신망도는 2000년대 이후 예전 같지 않게 되었다. 캐릭터화를 선도했던 이미지 정치의 효과를 상쇄할 만한 부정적 이미지들이 확산되기 시작했다. 그리고 이 교회들의 캐릭터를 모방한 교회들의 실패 사례들이 늘어나면서 기대감도 줄어들었다.

먼저 부정적 이미지의 확산에 대해 살펴보자. 온누리교회는 1999년 이른바 '옷 로비 사건'과 연루되었다는 언론 보도와 함께 이미지 추락이 시작되었다. 이 사건은 이후 재판 과정에서 사실 여부가 제대로 드러나지 않아 어느 대목이 사실이고 어느 대목이 비리인지 확인할 수 없게 되었지만, 분명한 것은 이로 인해 온누리교회에 대한 부정적 이미지가 급상승했다는 사실이다. 여기에 신동아그룹의 재정이 이 교회로 유용되었고,♦ 최순영 전 회장의 비밀 장부와 교회 재산이 얽혀 있다는 부분적인 사실과 부분적인 풍문이 꼬리를 물고 터져나왔다. 긍정적 이미지가 더 많았던 교회에 관한 이야기들이 추문으로 재해석되기 시작한 것은 그때부터였다.

2004년 이라크에서 피랍되어 살해당한 김선일 씨 사건도 온누리교회에 관한 의혹으로 남았다. 성장지상주의를 제1 원리로 삼아온 한국 교회에 교세의 정체가 뚜렷해진 1990년대 중반은 심각한 정체성 위기를 겪게 되는 출발점이었다. 그런 점에서 1990년대 이후 본격화된 해외 선교라는 비전은 국내 선교의 위기로 인한 위축감을, 100년 전 피선교국이던 아시아의 한 소국이 이제 선교 대국이 되었다는 자긍심으로 보상받게 하려는 가장 적극적인 돌파구인 셈이었다.

한데 이 무렵 해외 선교를 선도했던 대표적 교회가 바로 온누리교회였다. 1996년부터 시작된 해외 선교 프로젝트는 2000년대 초 'Acts 29 비전'♦♦으로 체계화되는데, 김선일 씨는 바로 이 프로젝트의 일환으로 현지에서 섭외된 활동가라

---

♦ 최순영이 회장으로 재직하고 있던 신동아그룹 산하 대한생명의 자금이 이사회 승인 없이 온누리교회의 햇불회관에 기부된 것에 대해 대법원은 위법한 행위로 간주하여 상환하라고 판결한 바 있다. 이 사건으로 인해 사람들은 이와 유사한 사례들이 더 많을 것이라고 생각하게 되었다.

온누리교회가 선교미션타운으로 건설한 Acts 29 비전빌리지.

는 의혹이 세간에 널리 퍼졌다. 사건이 커다란 파장을 일으키고 있을 때 온누리교회는 김선일 씨와 가나무역이 자신들과 관계가 없다고 주장했다. 그러나 이것으로 의혹이 가려지지는 않았다. 한국 개신교에 대한 부정적 이미지가 이 교회로 집중 투사되면서 의심은 꼬리에 꼬리를 물고 계속되었다.

김선일은 이라크의 미군 군납업체인 가나무역의 매니저 직함을 가진 근무자였다. 그런데 이 회사에 대해 한 언론인은 "한국 교회의 선교적 열정을 현실로 이뤄내는 비밀 창구"라고 말했다. 즉 이 회사는 단순한 군납업체가 아니라, 일종의 선교 기관과 같은 역할도 하고 있었다. 이는 독실한 개신교 신자이

---

♦♦ 이것은 28장으로 끝나는 〈사도행전(Acts of the Apostles)〉의 새 장을 해외 선교로 구체화하겠다는 선교 어젠다였다.

자 이 회사의 매니저인 김선일 씨가 회사의 비밀 미션, 즉 이라크 선교의 수행자이기도 했을 가능성이 있다는 것을 시사한다.

한편 온누리교회는 Acts 29 비전의 일환으로 "전 세계 40여 개 나라에 선교사 500여 명을 파송하고 있으며, 2010년까지 선교사 2,000명을 보낼 계획"을 표명했는데, 김선일 씨가 피랍되기 한 해 전에 온누리교회는 이라크 바그다드 한인연합교회를 설립해 중동 선교의 전초기지로 삼고자 했다. 온누리교회의 해외 선교를 담당하는 이 아무개 목사는, 가나무역의 실질적 대표이자 온누리교회 장로인 김 아무개 씨가 온누리교회에 직원을 요청했고 교회 청년부에서 자원자를 뽑아 소정의 선교 훈련을 거친 뒤에 파견했다고 말했다. 이렇게 파송된 4명의 청년이 김선일 씨가 매니저로 있는 회사의 직원이 되었다. 이들은 바그다드 한인연합교회에 출석했고, 김선일 씨도 온누리교회 출신은 아니지만 바그다드 한인연합교회 초기부터 예배에 참여한 신자였다.

이러한 사실들에 기초해볼 때, 이 청년들이 Acts 29 비전에 따른 '잘 짜인' 선교 기획에 의해 이라크 현지로 파송된 선교 활동가였으며, 먼저 이라크에서 선교 사역자로 활동하고 있던 김선일 씨는 이들의 현지 활동을 보완하고자 섭외된, 일종의 펠로우 사역자였다는 추론을 가능하게 한다. 또 가나무역은 이라크 선교라는 목적을 위해, 김선일 씨 사망 당시 온누리교회와 연대해서 활동하고 있었을 가능성이 높다는 합리적 추론에 공감을 표하는 이들이 많았다.

여기에, 이라크에서 가나무역을 후원했던 것처럼, 이슬람 지역 곳곳에서 공격적 선교로 '악명 높은' 인터콥을 비롯한 여러 선교단체의 파송선교사들도 온누리교회가 후원한 바 있다는 의혹이 제기되었다. 김선일 씨 사건 이후 몇 년 뒤에 아프가니스탄에서 피랍된 분당샘물교회 단기선교팀의 현지 인솔을 맡은 이들도 바로 이 단체 소속 선교사들이었다. 그 밖에 여러 선교단체들의 위험한 행보가 알려지면서 한국 개신교의 공격적 선교 행태가 전 세계적으로 문제시되고 있었다. 여러 매스컴과 온라인 매체들은 온누리교회의 Acts 29 프로젝트가 포교를 위해서라면 전쟁마저도 기회로 활용하는 맹목적인 전도 중심주의적 태도로 선교 활동을 벌이고 있다고 비난을 가했다.

결국 온누리교회의 적극적인 해외 선교 프로젝트는 한국 개신교의 위신을 국내뿐 아니라 국제적으로도 실추시키고 말았다는 비판에서 벗어날 수 없었다. 이러한 해외 선교의 문제점을 지적하고 성찰하려는 몇몇 교회와 개신교계 기관 및 연구단체의 노력이 가시화되고 있었지만, 온누리교회는 해외 선교에 대한 자기 반성적 논의에 거의 참여하지 않았다.

한편, 사랑의교회는 설립자인 옥한흠 목사에 이어 2003년 부임한 오정현 제2대 담임목사 시대에 치명적인 이미지 추락을 경험한다. 수단과 방법을 가리지 않는 성장지상주의로 회귀했다는 비판이 도처에서 제기된 것이다. 그런 맥락에서 이 교회 신자인 권력 엘리트들이 교회의 불법과 탈법에 동원되고 있다는 사회적 평판이 폭넓게 회자되었다. 김선일 사태 때 온누리교회와 관련된 외교관들이 교회와 긴밀히 연락을 주고받으면서 먼저 대처하려 했던 탓에 국가가 빠른 대처를 할 수 없었다는 의혹을 제기한 어느 매체의 보도가 있었는데, 사랑의교회에 속한 권력 엘리트들도 공공적 직무보다는 사적 단체의 일원에 지나지 않는다는 비판에서 자유롭지 못했다. 이명박 정부 때의 소망교회 인맥이 특권적 지위를 누렸던 것을 빗댄 '고소영'(고려대·소망교회·영남 지역)'이라는 표현처럼, 박근혜 정부 시절의 '사미자'(사랑의교회·미래를경영하는연구모임)라는 표현은 사랑의교회가 이 정권의 핵심 인맥으로 깊이 관여되어 있었다는 것을 말해준다. 허태열 당시 박근혜 대통령 비서실장을 비롯해서 주철기 외교안보수석, 신재윤 금융위원장, 김성주 '박근혜후보공동선거대책위원장' 등 정부의 권력 실세들이 즐비했다. 검찰지검장, 고등법원장, 대형 로펌 대표 등 수많은 유력 법조인들 또한 적극적으로 교회 활동에 참여하고 있었다. 이 교회의 '법조선교회'는 오정현 목사의 비리와 위조 혐의가 널리 확산되며 사회적 논란이 일어나기 전까지는 그 규모나 위상, 활동력에서 다른 대형교회뿐 아니라 한국 사회의 어느 집단에 비해서도 부족하지 않을 정도로 막강했다. 그 밖에 언론계, 경제계, 학계의 무수한 권력 엘리트들도 이 교회의 신자다.

2016년 전무후무한 대형 법조 비리의 중심인물이었던 홍

만표도 이 교회의 신자라는 사실은 사랑의교회가 우리 사회에서 어떤 방식으로 존재감을 드러내고 있는지를 시사한다. 그 밖에 불법과 탈법에도 불구하고 추진된 초대형 교회 건축, 담임목사의 학력 위조, 그리고 교회 내에서 문제를 제기하는 이들에 대한 물리적 수단이 동반된 보복 등은 이 교회의 제자훈련이 규모지상주의 이상도, 이하도 아닌 하나의 프로그램에 불과하다는 걸 여실히 보여주었다.

이렇게 2000년대에 이 두 교회는 천민적 성장지상주의의 화신이라는 굴욕적 평판의 대상이 되었다. 1990년대 중반 이후 얼마간 참신해 보였던 그 캐릭터들로 기억하는 이들이 현저히 줄어들었다. 하여 이 교회들로 모여들었던 많은 주권신자들 중 일부는 교회를 다시 이탈하여 또 다른 교회를 찾아다니기 시작했다. 그러나 더 많은 이들은 교회를 떠나지 않았다. 남은 신자들이 모두 교회 안에서 거대하게 형성된 인맥과 그것이 일으키는 사회적 자본에 취해 있었다고 비판할 수는 없지만, 그런 유혹이 존재했을 것이라는 점은 배제할 수 없다.

물론 이것은 비단 이 두 교회만의 현상이 아니다. 과거에 성장지상주의적 신앙은 풍요를 신앙의 열매로 갈망했음에도 여전히 낯선 것이었기에, 자본주의와 신앙 간에는 미묘한 긴장이 도사리고 있었다. 그러나 2000년대에 오면 종교, 특히 개신교는 자본주의에 깊게 매수되어버렸고, 강남·강동·분당 지역에 집중된 대형교회 신자인 중상위계층에서 그 현상은 훨씬 더 두드러졌다.

# 진보대연합 대 보수대연합,
# 모든 것이 빨려들다

2000년대는, 거칠게 요약하면, 사회가 두 개의 범주로 이분화된 시대였다. 그 이전 시대까지 한국을 특징적으로 보여주는 개념은 '총화'였다. 총화가 권위주의 시대의 가치였다면, 2000년 어간 이후는 민주주의와 신자유주의의 시대라고 할 수 있다. 1998년 이후 두 번에 걸친 민주 정권이 포스트권위주의 시대의 첫 번째 국면을 추동했다. 이때 민주주의는 '공화주의적 요소가 결여된 민주주의'라고 할 수 있는데, 그것은 사회 결속보다는 시민 각자의 고조된 권리의식이 사회관계를 규정하는 주요 작동 원리가 된 사회라는 것을 의미한다. 그런 점에서 이 시대 민주주의는 '탈권위주의적' 혹은 '권위주의 해체적' 성격이 강했다.

한편 이 시대에 결속의 논리를 부여한 것은 공화주의적 가치가 아니라 '신자유주의'였다. 이 시기에 사회가 심하게 양극화되기 시작했다는 사실을 감안하면, 신자유주의가 만들어낸 사회적 결속이란 평등과 기회균등을 통한 결속이 아니라 자본을 통한 권위주의적 결속이다. 이 새로운 권력의 원리는 누가 이윤을 창출하는 능력을 '더 많이' 가지고 있느냐에 따른 것이다. 2000년 어간 이후 신자유주의라는 사회 형성의 기조는 '자본에 의한 재권위주의적' 성격이 강했다.

이렇게 탈권위주의적 가치를 추구하는 이상과 재권위주

의적 가치를 추구하는 이상, 이 두 개의 모순적 이상이 2000
년대 한국 사회를 두 개의 범주로 양분시키는 주된 요소였다
는 점을 주지하자. 이 시기 한국 사회에서 진보는 탈권위주의
적 지향성 혹은 권위주의 해체적 지향성이 강했고, 보수는 자
본 친화적인 재권위주의의 성격이 강했다.

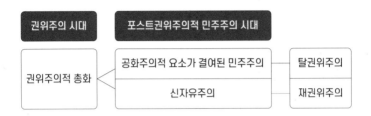

여기서 2000년대 초 격렬하게 표출된 '진보 대 보수'의
갈등을 주목해보자. 당시 진보 진영의 가장 중요한 정치사회
어젠다는 권위주의와 친미주의 청산이었다. 이는 남한 사회
의 권위주의 세력이 줄곧 미국을 등에 업고 형성되었다고 보
았기 때문이다. 한편 진보 진영의 권력 해체적 청산주의에 위
협을 느낀 보수 진영도 대대적으로 결속했는데, 이때 보수의
중심 기조는 신자유주의적 자본주의와 친미주의였다. 2002년
이후 시청 앞 광장에서 대규모로 벌어진 진보 진영의 반미 촛
불집회와 2004년 이후 벌어진 보수 진영의 친미 집회는 첨예
화된 진보 대 보수 갈등의 단면을 보여준다.

민주주의적 사회 통합에 실패하고 신자유주의적 양극화
를 심화시킨 두 번에 걸친 민주 정부는 2008년 대선에서 재집

권에 실패한다. 이로써 포스트권위주의적 대안 가치로서 부상했던 민주주의라는 이상은 좌절하고 말았다. 그리고 새로 집권한 정부의 상징적 인물은, 민주화운동 투사가 아니라 기업인이었다. 그것도 전형적인 한국 자본주의의 표상인 토건주의적 전설을 등에 업은 존재였다.

그렇게 이명박 정권이 탄생했다. 그 이면에는 민주 정부들이 초래한 양극화를 '기업가 정부'가 해소시켜줄 것이라는 시민사회의 기대가 깔려 있었다. 하여 새 정권은 토건주의적 기업가 정부답게 전 국토를 공사판으로 만듦으로써 경제적 성공을 이룩하려 했다. 또한 토건업자들의 민원 해결에 가장 적극적인 정책을 집권 기간 내내 유지하는 것으로 경제 활성화를 이룩하고자 했다. 그리고 각종 대기업 중심 기업 친화적 정책을 펌으로써 기업의 투자 확대로 인한 사회경제적 낙수효과를 장담했다.

하지만 그 계획은 위기를 더욱 심화시켰다. 이에 정부는 그로 인한 사회 갈등을 '반미=종북'이라는 이념 프레임으로 환원시켜 물타기하려 했다. 이 과정에서 뜻밖에도 '기업가 정부'는 경제지상주의적 합리성을 강화한 것이 아니라, 이념지상주의적 보수대연합이라는 기조를 강화시켰다. 이명박 정부가 의도한 것은 아니지만, 그런 정치의 부산물로 대두한 것이 바로 박근혜 정권이라는 극우주의 정부였다.

# 기독교 보수대연합

앞 장에서 우리는 1990년대 중반 이후 등장한 대형교회들은 대규모 교회당을 지을 수 있는 여건과 능력이 갖추어진 강남 권 지역에 집중되어 있다는 것을 이야기했다. 하여 대형교회 는 중상위계층이 대대적으로 결집한 사회적 장소가 되었다. 여기서 제2장에서 대형교회가 보수주의적 장소라고 주장한 것을 상기하자. 즉 대형교회는 강남권의 중상위계층을 보수주 의적으로 결속시킨 장소라는 것이다.

그런데 2000년 어간 이후 사회가 진보 대 보수라는 이분 화된 가치로 첨예하게 대립하고, 진보와 보수가 각기 대연합 을 구축하게 되었을 때, 대형교회는 보수의 깃발 아래 결속한 가장 적극적인 사회 단위가 되었다. 지난 1990년대에 보수주 의 내의 분화된 측면을 지녔던, 그러나 아직은 캐릭터로서만 '그 다름'이 표현될 뿐이었던 몇몇 새로운 대형교회적 신앙은 2000년대의 이분법적 이념의 시대에 다시 보수대연합의 기치 아래 포획되었다.

특히 이명박 정부 탄생 직전에 교회는 전무후무한 바이 블벨트를 구축하여 장로 대통령 만들기에 적극적으로 동참했다. 그것은 형식적으로 보면 일종의 '기독교국가'의 이상이었다. 하지만 내적으로는 민주 정부들이 추구했던 권위주의 세력 해체라는 청산주의에 대한 대항 전선의 성격을 지니는 것이었다. 가령 기독교계 사립학교의 편협한 종교교육이 민주주의와 인권의 잣대에 의해 청산 대상으로 지목되는 것에 대해, 포교의 권리를 보장받음으로써 종국에는 기독교국가를 이룩하겠다는 주장으로 교회를 결속시켰다. 이러한 한국판 바이블벨트 형성에서 중요한 역할을 한 것이 이른바 '성시화聖市化 캠페인'이다.

성시화 운동은 1972년 김준곤 한국대학생선교회ccc 총재가 춘천시를 하느님의 거점 도시로 봉헌하는 캠페인을 벌인 것에서 유래했다. 그는 2005년에 이를 리바이벌해, 한국 전역에서, 나아가 한인 교회가 만들어진 전 세계 각 지역에서 그곳을 하느님의 나라로 만들기 위한 복음운동의 장소로 봉헌하자는 캠페인을 주창했다. 이 캠페인은 각 지역의 기독교 신자인 권력 엘리트들이 운동에 앞장서도록 압박을 가했다. 그리고 개신교 보수주의 세력을 결속시켜 기독교국가 건설이라는 이상 아래 이명박 장로를 지지하는 선거 연합 구축의 동력이 되었다. 이후 2013년 박근혜 정부가 집권하게 될 때는, 전 개신교도를 아우르는 바이블벨트는 형성되지 않았지만, 한국기독교총연합회 등을 축으로 하는 극우주의 기독교 동맹이 구축되었다.

이렇게 2000년대 이념 대립의 정세 속에서 한국 개신교는 보수대연합의 기치 아래 결속되었고 다른 목소리는 가려졌다. 하지만 그것은 어디까지나 정치적 전선에서만의 현상이었다. 문화적·경제적·사회적 차원에서 대형교회 내부에서는 새로운 보수주의적 실험이 진행되고 있었다.

# 8장

# 청부론과 새로운 캐릭터 교회의 탄생

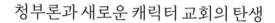

## 시대착오

국가의 발전과 대형교회로의 성장, 그리고 보수주의, 이 세 가지 범주가 서로를 규정하며 연관되어 있었다는 점은 적어도 한국 사회에서는 명백한 사실이다. 1990년대 중반까지는 말이다. 그런데 1990년대 중반을 분기점으로 국가는 더 이상 고도성장의 신화로 설명할 수 없게 되었고, 교회는 정체 혹은 역성장의 수렁으로 떨어졌다. 오랫동안 익숙했던 고도성장의 신화는 이제 지나간 기억일 뿐이었다. 그런데 사람들의 몸은 아직 고도성장기의 감각에서 벗어나지 못했다. 경험하는 현실과 친숙한 감각 사이의 괴리, 그것이 1990년대 중반 이후 한국인들이 겪은 공통된 딜레마였다.

그 어간부터 국가는 보수와 진보의 각축장이 되었다. 그리고 교회는 이념의 각축장이 된 사회에서 보수주의의 아성처럼 존속했다. 1990년대 중반 이전에는 대부분의 교회가 보수주의적이었음에도 당시 많은 사람들은 교회를 보수의 아성처럼 생각하지 않았다. 하지만 이후 교회는, 여전히 진보주의를 추구하는 기독교도들이 적지 않은데도, 보수주의의 상징처럼 여겨졌다. 실은 여기서 사람들이 생각하는 교회의 보수주의란 이른바 '수구 꼴통' 이미지로서의 보수주의다. 달리 말하면 천박한 보수주의, 도덕적이지 않고 겸손하지 않으며 포용성이라곤 찾아볼 수 없는 공격적 보수주의다.

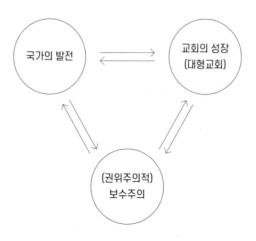

이것은 한국 개신교회를 과잉 대표하고 있는 대형교회에 대한 사회적 이미지이기도 하다. 한데 실은, 지금까지 줄곧 얘기하고 있는 것처럼, 대형교회도 그리 단순명료한 이미지만을 갖고 있는 것은 아니다. 특히 1990년대 중반 이후 대형교회의 분화 현상이 뚜렷해졌다. 그것을 나는 선발대형교회 유형과 후발대형교회 유형으로 나누어 얘기했는데, 1990년대 중반 이후 새롭게 부상한 대형교회들은 후발대형교회적 성격이 더 강했다.

우리가 주목하고 있는 '웰빙보수주의'는, 사회의 어느 영역보다 훨씬 더 명료하게, 이 후발대형교회 유형의 교회들에서 나타나고 있다. '주권신자의 등장'이 이 유형의 교회 현상을 읽는 데 가장 핵심적인 요소다. 떠돌아다니면서 주권에 대한 의식이 더 강화된 까다로운 신자들을 정착시키는 데 성공함으로써 대형교회가 된 두 개의 교회, 사랑의교회와 온누리교회는 1990년대에 가장 주목받은 성장 모델이었다. 그것을 우리는 '교회의 캐릭터화'라는 관점에서 살펴보았다.

그러나 2000년대, 보수대연합의 시대에 교회는 단일 대오로 뭉친 보수주의 동맹의 탄탄한 일원이 되었다. 시대는 변화하고 있고, 그 변화를 담아내기 위해 보수든 진보든 내부 개혁이 필요한 상황인데, 진영 갈등이 모든 것을 먹어버리는 정국이 대두했다. 그나마 진보 진영은 내적으로 치열한 논쟁을 벌이면서 성찰의 시간을 맞고 있었지만, 단일 대오처럼 보이는 견고한 정치 연합으로 엮인 보수 진영은 권력 연합으로서는 성공했지만 변화하는 시대를 읽는 능력이 퇴화했다. 해서 이러한 권력 연합이 집권하는 시대는 시간을 거꾸로 되돌리지 않고는 정권이 유지될 수 없는, 시대착오적 시대가 되어야 했다. MB 정부와 박근혜 정부가 바로 그랬다. 이 두 정부의 실패는 시대를 읽는 안목이 퇴화한 성찰 없는 보수주의의 실패였다.

## 경품 전도

2010년 10월 13일자 《국민일보》에는 그즈음 교회에서 '경품' 사례가 크게 늘고 있다는 기사가 실렸다. 그 어간 이후 몇 년 동안 개신교계의 여러 매체가 같은 논조의 기사들을 쏟아냈고, 개신교계 원로들의 신년 메시지나 기념 강연 등에서도 배금주의라는 우상숭배를 경계하는 말들이 잇따랐다.

교회가 활용한 경품의 사례들은 무엇을 상상하든 그 이상을 보여준다. 한 대형교회는 새 신자에게 스테인레스로 된 고급 냄비 세트를 선물하고 교회에 계속 출석하면 성경책과 여행 가방을 제공한다는 내용의 전단지를 뿌렸다. 또 다른 대형교회는 교회 출석 아르바이트 모집 공고를 인터넷 게시판에 올렸다. '세 시간 근무 2만 원, 주차비 별도 지급.' 2010년 당시 시급이 5,000원이 안 됐던 상황에서 세 시간 동안 예배에 참석하는 것만으로 2만 원을 준다는 것은 제법 괜찮은 조건이었다. 심지어 어느 교회는 전도지에서 교회에 출석하면 소개팅을 시켜준다고 홍보했다. 더 놀라운 것은 남성용과 여성용 전도지를 따로 만들었는데, 남성용에는 여성 신자들의 사진과 신상이, 여성용에는 남성 신자들의 사진과 신상이 포

새로 온 신도에게 선물을 주겠다는 금란교회 전단(왼쪽).
청년들에게 이성을 소개해준다는 삼일교회 전단(오른쪽).

함되어 있었다는 사실이다. 또 전도왕에게 자동차를 경품으로 내놓은 교회, 성경 다독왕에게 해외여행 상품권을 내놓은 교회도 있었다.

그 무렵은 이러한 배금주의가 교회에 만연한 현상을 너무나 잘 보여주던 시기다. 알다시피 2002년에 광고 카피로 처음 등장한 이후 거의 일상어가 되다시피 한 '부자 되세요'라는 문구가 바로 이 시대를 단적으로 보여준다. IMF 관리체제로부터 졸업했다고, 정부 당국과 언론들은 앞다투어 대대적으로 떠벌렸다. 이후 대부분의 TV 드라마, 오락 프로, 서적 등이 부자를 훔쳐보고 그들과의 상상적 동일시의 망상에 빠져들고픈 대중의 욕구를 한껏 증폭시켰다.

2007년 대선은 그러한 대중의 욕구에 부합하는 존재가 누구인지를 입증해주는 계기이기도 했다. 제17대 대통령 당선자 이명박은 부패한 자본가이자 정치가라는 소문이 사실일 수 있다는 의심에서 자유롭지 않았다. 하지만 과정이야 어떻든 그가 성공한 기업가이자 정치인이라는 것이 주목을 끌었다. 무수한 대중은 자신들도 그처럼 수단과 방법을 가리지 않고 부자가 되고 싶다는 열망에 흠뻑 젖어 있었다. 그는 그것을 국민들에게 선물할 메시아처럼 보였다.

교회는 전례 없는 열광적 지지를 그에게 쏟아부었다. '장로 대통령을 만들자'라는 슬로건에는 기독교국가에 대한 열망이 가득 담겨 있었는데, 그들이 추구한 기독교국가라는 상상력은, 더 이상 IMF 재앙 같은 고난의 시대가 없는, 더욱더 '풍요로운 사회'에 대한 기대와 겹쳐 있었다. 그리고 그들의 바람은 그가 이끄는 정권의 탄생으로 실현된 듯했다. 무수한 기독교 대중은 그렇게 생각했다.

그런데 이러한 생각은 당시 위축되고 있던 교세가 반전되리라는 기대와 겹친다는 점을 주목해야 한다. 한국 개신교는 이제까지보다 더욱 열정적으로, 수단과 방법을 가리지 않는 팽창주의에 몰두했다. 교단마다 '몇 천 교회, 몇 만 교회 달성' 같은 무리한 목표를 설정하고, 목사 후보자들이 목사가 되려면 (기성 교회에 들어가는 것이 아니라) 교회를 개척해야 한다는 규정을 속속 만들었다. 그 결과 그 어간에 교회 설립 수가 크게 늘었다. 과거엔 교회 성장의 경륜을 가진 노련한 목사들이 끊임없이 교회 개척을 소명으로 삼곤 했는데, IMF 체제 이후에는 그런 이들이 점점 사라졌고, 교회 개척은 대부분 신출내기 목사들의 몫이었다. 하여 당연한 일이지만 설립하는 교회

수가 늘어난 것과 동시에 단기간에 폐업하는 교회 또한 크게 늘었다. 교회의 이미지가 최악으로 추락하고 있는 상황에서 수련 과정을 제대로 겪지 않은 이들에게 교회 설립의 부담을 온통 짊어지게 했으니 그것은 당연한 일이겠다.

5개 교단 전도운동 현황

| 총회명 | 전도운동명 | 교회 수(근사치) |
|---|---|---|
| 대한예수교장로회 통합파 | 만사운동 | 6,800개소 |
| 대한예수교장로회 합동파 | 1만교회운동 | 7,000개소 |
| 기독교대한감리회 | 300만 전도운동 | 5,300개소 |
| 기독교대한성결교회 | 2000교회 80만 성결인 운동 | 2,200개소 |
| 기독교한국침례회 | 3000교회 심기운동 | 2,400개소 |

한편 새로 창립한 교회들은 대부분 도시, 특히 서울과 인근 신도시들에 몰려 있었다. 그것은 교회 설립 비용이 매우 많이 든다는 것을 뜻한다. 교회를 창립한 사역자는 자신이 동원할 수 있는 재원을 모두 모아서 교회를 시작했다. 그만큼 그들은 살아남기 위해 혼신을 다했다. 그러나 경험도, 능력도, 지명도도 부족한 그들이 살아남기란 쉽지 않은 일이었다. 하여 수많은 교회들이 폐업하게 되었는데, 모든 것을 걸고 시작했고 모든 것을 걸고 살아남고자 사투했던 것이 물거품이 되는 순간, 사역자들은 폐업 절차에서 조금이라도 자산을 남기고자 했다. 그것은 생존을 위한 몸부림이었다.

여기서 한 가지 짚어둘 것은 (남성)목사들은 신출내기일

지라도 거의 대부분 기혼자라는 점이다. 목사 안수를 받으려면 '기혼'이라는 조건이 불문율처럼 작동하기 때문이다.♦ 맞벌이를 하지 않는 (남성)목사의 경우 가족의 생계를 책임져야 하는데, 교회 개척 과정에서 부채를 짊어진 채 매우 낮은 임금으로 몇 년간 목회를 해야 한다. 하여 그들은 다양한 직종에서 투잡, 스리잡에 종사하며 몇 년간 견뎌내다 끝내 교회를 포기하게 되는 일이 허다하다. 하지만 그들에겐 퇴직금도 없다. 부채만 남은 채 모든 걸 포기해야 하는 이들에게 교회 매각은 경제적 파산만이 아니라 정신적 파산도 따른다.

한편 교회 개척과 파업이 흔해지자 교회 개척과 폐업을 매개하는 업종이 활성화되었다. 이 업종은 교회를 설립하고자 하는 이에게 폐업하는 교회와 시설, 그리고 신자를 끼워 파는 '불온한' 거래를 중개한다. 이때 '공간 비용+알파(일종의 권리금)' 가격으로 중개가 이루어진다. 누가 이런 관행을 이해할 수 있단 말인가. 종교 아닌가. 모두가 그렇게 해도 종교는 더 도덕적이어야 하는 것 아닌가. 하지만 실상은 달랐다. 교회 안에서 이런 시장 관행은 생각보다 폭넓게 퍼져 있었다.

아무튼 생존을 위한 무한 경쟁의 상황에서 교회들은 강도 높은 전도 캠페인에 몰입했다. 바로 이런 맥락에서, 앞에서

---

♦ 여성은 반대로 목사 안수를 받는 이들 중 미혼자나 비혼자가 훨씬 많았다. 그것은 대부분의 교회에서 보수적 신앙 문화가 지배적이기에, 결혼한 여성은 목사가 되기 위한 경력을 갖추기가 여의치 않았기 때문이다.

말한 것과 같은, 이른바 경품 전도 현상이 만연하게 되었다. 2010년, 그 어간은 그런 시기였다.

## 청부론,
## 하느님께 위탁받았을 뿐

2000년대 초, 한국 개신교계에서 센세이션을 일으킨 화두는 '청부론淸富論, theory of honest wealth'이었다. 2001년 교회를 설립한 김동호 목사가 그 무렵 설교와 저작들을 통해 '청부론'을 제기했다.

청부론이란, 말 그대로, 신으로부터 풍요를 위탁받은 것에 관한 주장이다. 과거 조용기 목사의 '삼박자 구원론'도 형식에서는 유사한 틀이 있다. 하느님이 영적 구원을 베푼다는 것은 동시에 건강과 물질의 구원을 동반한다는 것이다. 즉 구원은 영적인 것과 세속적인 것이 '원 플러스 투' 패키지로 선사된 것이라는 주장이다. 요컨대 세속적 풍요와 극적인 거리를 두면서 신앙적 다이너미즘dynamism을 추구했던 전형적인 근본주의 신앙운동과 달리, 조용기는 세속적인 것과 영적인 것 사이에 놓인 심대한 거리감을 해체함으로써 새로운 신앙적 다이너미즘을 이끌어냈다. 초기 조용기(1950~60년대)의 경우는 서울 서대문구 대조동 지역(현재는 은평구에 속해 있다)의 달동네에 살고 있던, 지질히 가난하고 심각한 건강의 위기에 놓여 있던 이들에게 영적이면서 동시에 세속적인 축복을 베푸는 복음이 중심이었던 반면, 미국의 번영신학과 결합한 중·후기 조용기(1970년대 이후)는 모든 대중에게 주는 영적이자 세속적인 축복의 메시지로 그 함의를 확장시켰다.

김동호의 청부론은 영적인 것을 세속적인 것과 이분법적으로 나누어 생각했던 근본주의 신앙과 달리 그 심대한 거리를 극적으로 해체했다는 점에서 조용기와 유사성이 있지만, 그 맥락은 전혀 다르다. 초기 조용기의 대중은 모든 것을 상실한 이들이었고, 그런 점에서 그의 은사주의의 핵심은 말 그대로 신이 준 물적 선물에 초점이 있다. 그것은 마치 흥부에게 주어진 박의 씨와 같은 것이다. 그리고 중·후기 조용기의 은사주의는, 그 대상이 '결핍된 대중'이 아니라 '욕구 과잉의 대중'이라는 점에서, 세속적 선물에 대한 탐욕을 주체하지 못하는 배금주의에 가깝다. 하지만 김동호의 청부론은, '선물에 대한 욕망'에 초점이 있는 것이 아니라, '선물의 관리'에 초점이 있다는 점에서, 조용기의 축복론과는 다르다. 그것은 축복론이 아니라 일종의 '윤리학'이다.

이러한 윤리학으로서 청부론 신학에 따라 2008년, 그는 교회를 설립한 지 7년째 되는 해에 교회 분립을 선언하고 네 개의 분립 교회 설립을 추진했다. 그리고 자신은 분립된 교회 어디에서도 사역하지 않는, 그야말로 실질적인 은퇴를 단행했다. 네 개의 분립 교회들은 김동호라는 상징에 기대고 있었지만, 비전과 운영 방식에서 독자적으로 존립했다. 많은 대형교회 목사들이 은퇴한 이후에도 원로목사라는 이름으로 담임 목사 위에 군림하고 있었고, 어떤 이는 자식이나 사위에게 목사직을 세습하기까지 함으로써 독점적 권력을 계속 유지하려 했다. 또 많은 대형교회들이 경쟁적으로 '지교회'♦ 세우기에 열을 올리고 있었는데, 김동호는 이런 대형교회의 일반적 관행과 거리를 두고자 했다. 이것도 그에게는 청부론의 일환이었다. 하느님이 주신 모든 기득권은 단지 위탁받은 것에 지나지 않는다. 하여 그때그때 위탁받은 것을 위탁받은 자로서 적절히 활용해야 하며, 내려놓을 때가 되었을 때는 아무런 사심 없이 완전히 내려놓아야 한다는 것이다. 훗날 김동호는《은퇴는 반납이다》라는 책에서 자신의 은퇴를 청부론적 윤리학의 관점에서 해설한 바 있다. 은퇴는 모든 권력과 그 흔적들을 '반납'하는 행위라고 말이다.

　이러한 그의 목회신학은 그를 스타로 발돋움하게 했다. 그가 시무하는 교회를 찾아서 무수한 이들, 특히 떠돌이신자들이 몰려들었다. 하여 그가 설립한 높은뜻숭의교회는 초고속으로 대형교회의 반열에 올랐다. 또 그가 은퇴하면서 추진한 네 개의 분립 교회들도 모두 빠르게 대형교회로 발돋움할 수 있었다. 의도한 것은 아니었겠지만, 그의 청부론적 윤리학을

---

♦ 지교회란 본교회에 종속된 일종의 '직영점' 같은 것이다. 많은 경우 일요일 예배는 본교회 예배를 생중계하는 방식으로 진행되고, 재정 및 운영도 본교회에 예속되어 있는 경우가 대부분이다.

구현해낸 교회 캐릭터는 배금주의의 수렁에 빠져버렸다는 치명적 평판을 받고 있던 한국 개신교에 새로운 성장 동력으로 작동했다.

## 청부론과 보수주의

김동호의 청부론은 강력한 교회 개혁적 함의를 가지고 있었지만, 어디까지나 보수주의적 개혁이었다. 하여 청부론이 커다란 반향을 일으키고 있던 무렵 그의 보수주의 성향에 대한 비판들이 제기되었다. 그중 대표적인 것이 '청빈론淸貧論, theory of honest poverty적 비판'이다. 기독교인은 신으로부터 부를 관리하도록 부름 받은 게 아니라 몸과 영혼이 가난해지라고 부름 받은 것이라는 주장이다.

IMF 사태 이후 한국 사회는 빠르게 빈부 양극화가 진행되고 있었고 그때 집권했던 진보적 정부들조차 양극화 추세를 저지하는 데 실패했다. 아니, 심지어 많은 정책들에서 양극화를 부추기기까지 했다. 그런데 교회는 그 무렵 더욱 견고한 부자 중심의 공동체로 구축되고 있었다. 물론 이전에도 교회는 사회의 권력과 부를 과점한 세력이었다. 하지만 그런 중에도 교회에는 가난한 이들이 적지 않았고, 또 가난하지 않은 이들도 가난했던 자신들의 뿌리에 대한 기억이 향수처럼 남아있었다. 그런데 2000년대 이후 교회에서는 가난이 사라져갔다. 특히 그 무렵 급성장한 교회들은, 대부분이 강남권에서 성공을 이룩한 덕에, 태어날 때부터 부자였고 권력을 가진 자들로 채워졌다. 바야흐로 가난의 기억 자체가 없는 이들의 교회가 대두하고 있었다.

이런 교회들은 넘치는 자원을 효과적으로 활용하여 캐릭터화를 성공적으로 구현함으로써 대형교회가 될 수 있었다. 앞 장에서 얘기했듯이 성공적인 캐릭터화는 대개 인적·물적 자원의 뒷받침이 있어야 가능했다. 한데 이런 캐릭터화는 권력과 부에 대한 성찰이 부족했다. 그리고 결국 그것이 위기를 야기했다. 바로 그런 상황에서 김동호가 청부론을 통해 교회의 새로운 캐릭터화에 성공했고 그의 교회는 대형교회가 되었다. 이 시대 떠돌이신자들이 교회를 찾는 가장 중요한 기준 중 하나가 바로 물신주의를 청산하고자 하는 '깨끗함'의 이미지였다.

그런데 바로 이것이 김동호에 대한 청빈론적 비판의 핵심이다. 즉 청부론은 난폭하게 진행되고 있는 빈부 양극화, 권력 양극화를 저지하려는 신학이 아니라 더욱 견고히 하는 신학이라는 문제제기다. 날로 심각해지는 양극화 상황에서 부자들의 교회를 향하여 권력과 부를 남용하지 말라는 '개인적 윤리'를 설파하는 데 그쳤다는 얘기다. 양극화 자체를 해체하려는 신학적 메시지가 그의 청부론에는 없다. 하여 그의 청부론은 사회를 양극화하는 자본주의 구조 자체에 대해서는 무관심한 '현상 유지의 신학'과 다름없다는 것이다.

# 교회적 웰빙 운동으로서
## 청부론

한국전쟁 이후 모든 것이 잿더미가 된 상황에서 생존을 위해 살아가야 했던, 무에서 유를 창출하는 것이 유일한 생존의 논리였던 세대가 있었다. 그들에겐 부자가 된다는 것 자체만으로도 최고의 축복이고 행복이었다. 하지만 그 자녀들의 시대는 달랐다. 그들 중에는 처음부터 중상위계층으로 태어난 이들이 있었다. 그들은 성장기에 소비자본주의를 체험했고, 그렇게 변화된 시대의 새로운 주역으로 부상했다. 그들은 1990년대 말, IMF 관리체제를 경유하면서 이른바 신자유주의 세례를 받았고, 그것은 그들을 탐욕스러운 자본주의 질서의 화신이 되게 했다. 하지만 동시에 그들 중 다른 일부는 그러한 욕구의 문화를 불편해하면서 성찰을 도모하고자 했다. 이때 후자, 특히 그들 중 개신교 신앙을 가진 이들이 바로 청부론의 주요 소비자였다.

그 무렵 사회에서는 웰빙이 커다란 반향을 일으키고 있었다. 깨끗하고 건강한 소비를 지향하는 문화 현상인데, 여기서 간과해서는 안 되는 것은 이 웰빙의 삶은 어느 정도 초과비용을 지불하지 않으면 실천에 옮기기가 쉽지 않다는 사실이다. 요컨대 웰빙 현상이 가장 활발하게 일어난 계층은 중상위계층이다. '금수저' 태생이면서 소비자본주의 문화를 체험했으나, 그 게걸스러운 탐욕의 메커니즘에 흡수되는 대신 그것을 반성적으로 성찰하려 한 이들이 바로 웰빙의 주요 소비자였다. 이 계층이 집중된 곳에 웰빙 시장이 형성되었다.

웰빙은 먹거리 운동에서 시작해서 다양한 영역으로 확산되었는데, 청부론은 일종의 교회적 웰빙 운동의 한 어젠다였다. 탐욕스러운 자본주의에 세뇌된 교회들에 마뜩잖았던 일부 떠돌이신자들이 또다시 교회를 떠나 김동호 목사가 시무하는 높은뜻숭의교회로 몰려들었다. 이 교회는 2000년대에, 자본주의적 욕구의 문화에 한껏 젖어 있던 교회들 사이에서 그것을 지양하고자 하는 새로운 캐릭터로서 청부론을 제시했고, 이것이 많은 이들이 이곳으로 모여든 이유였다. 그 과정에서 떠돌이신자들은 점점 주권신자가 되어갔다. 그리고 교회의 배금주의 풍조가 최고조에 이르렀던 2010년 어간, 1990년대 중반의 캐릭터와는 다른, 새로운 캐릭터 유형의 대형교회들이 탄생했다.

# 자기계발의 시대, 신자유주의적 귀족교육

## 자기계발서 열풍

1997년 외환 위기 직후 사람들은 당황했다. 어떻게 살아남을 것인가? 이것이 그 시간대를 살던 사람들의 가장 중요한 물음이었다. 대답은 하나였다. 적어도 그때에는 여러 가치관에 따른 다양한 답을 이야기할 여유가 없었다. 단지 하나만이 절박하게 요청되었다. 수단과 방법을 가리지 않고 돈을 벌어야 한다는 것이다.

그 무렵 출판계에는 주목할 만한 변화가 일어나기 시작했고, 그러한 추세는 이후 거의 10년 동안 서점가를 휩쓸었다. 이른바 '자기계발서'의 시대가 도래한 것이다. 그 이전까지 출판계에서 가장 높은 판매 부수는 단연 소설 분야에서 이룩되었고, 몇몇 소설가는 밀리언셀러 작가로 등극했다. 그런데

2000년대에는 소설의 독점적 지위가 무너지고, 자기계발서들이 속속 그 자리를 대체했다. 2000년 판매 순위 3위를 기록한 《부자 아빠, 가난한 아빠》(로버트 기요사키)를 포함하여 2000년대 10년간의 베스트셀러 20권 중 무려 10권이 자기계발서다.

일반 출판시장과 구별되는 별도의 시장을 갖고 있는 기독교 출판계도 예외는 아니었다. 1999년 번역 출간된, 로리 베스 존스의 《최고 경영자 예수》가 그 신호탄이었다. 이 책은 2년 만에 무려 27쇄, 20만 부 이상 팔렸다. 이후 수많은 기독교 자기계발서가 쏟아져 나왔다. 특히 2006년 번역 출간된, 미국 최대 대형교회인 레이크우드교회의 담임목사 조엘 오스틴의 《긍정의 힘》은 기독교 출판물 중 최대의 밀리언셀러가 되었다. 또 미국에서 가장 특징적인 대형교회로 알려진 새들백교회(캘리포니아주 LA 인근의 래이크포레스트 소재)의 담임목사 릭 워렌의 《목적이 이끄는 삶》 시리즈도 밀리언셀러의 반열에 올랐다. 한국인 저자 김동환의 《다니엘 학습법》과 김미진의 《왕의 재정》도 수십만 권 판매되었다.

이 책들은 모두 '성공'에 초점을 두고 있다는 공통점이 있다. 더 적나라하게 말하면 돈을 벌 수 있는 다양한 방법들에 관한 것이다. 이 시기 자기계발서들에 대한 주목할 만한 비평서인 《거대한 사기극》에서 이원석은 이 공통점에 대하여 "바깥의 사회구조를 배제하고, 순수하게 자기 자신을 주목하도록" 만드는 신화들이라고 분석한다. 즉 자기계발서들이 주장하는 성공 비법은 사회 시스템에 대한 문제의식을 망각하게 한다. 단지 그 시스템 속에서 각자 개개인의 성공 가능성을 최적화하는 자기계발에 몰두하게 한다. 하여 자기계발에 매진하는 개개인은 능동적으로 자기를 쇄신해야 한다. 그런 쇄신은 무한히 가능하고, 그 쇄신에 따라 성공이 실현될 것이기 때문이다. 그가 남자건 여자건, 부자건 빈자건, 내국인이건 외국인이건 상관없다. 자신의 사회적 조건이 어떻든 그것은 사회의 문제가 아니라 자기 자신의 쇄신 노력에 좌우된다. 즉 자기계발은 철저히 개개인의 문제다. 이런 신화에 기반을 둔 담론이 바로 자기계발론이다.

한데 흥미로운 것은, 자기를 계발하는 일은 개인적으로 수행되지만, 그 내용은 사회가 이미 규정한 한계 내에서 효율성을 최적화하는 방법들이라는 점에 있다. 즉 자기계발은 사회가 정한 원리에 따라 개개인이 자기 자신을 스스로 규율하는 수행 과정을 의미한다. 이때 사회가 정한 원리란 단순화하면 신자유주의적 원리라고 할 수 있다. 요컨대 자기계발은 신자유주의 시대를 사는, 신자유주의가 필요로 하는 인간상에 부합하는 삶의 수행법이며, 신자유주의적 인간의 자기 관리법이다.

앞 장에서 우리는 교회들의 배금주의에 대해 이야기했다. 그런데 그것은 이 시기 자기계발서들 속에 전제된 신자유주의적 원리가 여과되지 않고 적나라하게 표출된 것이나 다름없다. 이러한 날것 상태의 신자유주의적 양상으로서의 배금주의는 동시대 기독교 출판물들에서도 예외가 아니었다.

# 다니엘학습법 신드롬

"서울대 출신 최강의 국·영·수 선생님들이 (   )에서 뭉쳤다."
여기서 괄호 안에 들어갈 문구는 무엇일까? 참고로 이 전단지
에 들어간 다른 문구들은 이렇다.

> 강북 강남 통틀어 이렇게 막강한 선생님들이
> 한꺼번에 모인 학원은 찾기 어렵습니다.

> 수준별, 실력별, 맞춤식 학습을 통해
> 확실한 실력 향상을 목표로 학습이 이루어집니다.

정답은 "장안평 다니엘비전학원"이다. 모두가 예상한 대
로 학원 광고다. 그런데 핫한 학원가로 유명한 강남 대치동도
아니고 목동도 아니며 분당 정자동도 아니다. 게다가 사람들
이 잘 들어보지 못한 이름이다. '다니엘'이니 '비전'이니 하는
표현으로 봐서는 기독교 냄새가 풀풀 난다. 익숙한 것과 낯선
것이 섞여 있다.

이 학원은, 장안평이라는 지명에서 드러나듯이, 고소득
층 자녀가 아니라 서민층 자녀를 대상으로 하는 학원이다. 그
리고 기숙 학원이다. 흥미로운 것은 새벽 5시 10분에 기상하
여 예배로 하루를 시작하고, 하루 세 번의 기도와 예배를 통해
철저한 신앙 훈련을 하는 곳이라고 주장한다는 것이다. 하지

다니엘비전학원의 신입생 모집 포스터.

만 신학대학 입학을 위한 학원이 아니라 'SKY' 입학을 목적으로 하는 입시 학원이다. 그리고 가장 놀라운 것은 '무료' 학원이라는 점에 있다. 즉 이 학원은 영리가 아니라 선교를 목적으로 하는 학원이다. 선교를 위해 대학 입시를 도와준다는 것이다. 그럼에도 앞에서 보았듯이 그 홍보 방법은 가장 영리적인 학원의 그것과 꼭 닮았다. 선교와 영리, 익숙하지 않은 조합이 익숙하게 만나고 있다.

원장은 《다니엘학습법》의 저자 김동환이다. 서울대학교 종교학과 출신이고 전교 수석졸업자로 알려진 그가 이 학원에서 문제아인 청소년들을 이른바 'SKY'에 입학시켰다는 소문이 돌았다. 이것은 그가 창안했다는 공부법인 '다니엘학습법'에 대한 폭발적인 반응을 야기했다. 입학 문의가 속출했다. 이에 서민층 청소년을 대상으로 하는 무료 학원과는 별도의, 중상위층 학생 대상의 유료 학원도 만들려 했다가, 그에게 익숙하지 않은 재정 관리의 문제가 불거지자 스스로 포기했다.

그렇지만 책은 전국 도처에서 불티나게 팔려나갔고, 그는 전국의 무수한 교회들을 돌면서 강연했다. 또 다니엘학습법을 주제로 하는 무수한 수련회를 이끌었다. 이때 가장 열광한 곳은 강남, 목동, 분당 등 입시 열기가 가장 달아오른 지역의 교회들이었고, 가장 열광한 이들은 입시를 앞둔 자녀를 가진 중상위층 개신교 신자들이었다. 이런 신자들이 대대적으로 모여 있는 곳은, 말할 것도 없이, 대형교회들이었다. 하여 이제 장안평의 서민층 대상 기숙 학원은 소문의 진원지일 뿐이었다. 다니엘학습법 신드롬은 전국적 현상이 되었고, 특히 명문대학 입학을 꿈꾸어도 좋을 중상위계층에서 더 강렬한 열기를 뿜었다.

이는 자기계발서 현상이 단지 독서 행위에 그치는 게 아니라는 것을 보여준다. 거기에는 삶 전체가 투입된 실천이 뒤따른다. 즉 자기계발서는 신자유주의 시대의 삶의 수행법인 것이다. 나아가 그러한 수행법을 집단적으로 수행하게 된다는 것은 그것이 그 시대를 구축하는 원리가 된다는 것을 뜻한다. 다니엘비전학원 전단지에 의하면 "21세기 다니엘 같은 하나님의 준비된 인재"를 양성하는 것이 다니엘학습법의 목표다. 즉 '21세기 그리스도교적 인재 양성', 그것이 바로 다니엘학습법으로 표상되는 신자유주의적 기독교 입시 교육 신드롬의 '숨겨진' 지향점인 것이다.

김동환은 기숙 학원을 통해 다른 교육, 즉 공교육의 교육 과정 전체를 대체하고자 했다. 국·영·수 세 과목의 '입시 교육'과 예배와 기도라는 '종교 교육'으로 구성되는, 입시 맞춤형으로 축소된 교육과정으로 그리스도교적 인재를 양성하고자 한 것이다. 그러니 그렇게 명문대학에 들어가서 사회를 이끌게 될 그리스도교적 인재는 전인적 인간이 아니라 입시형 인간이다. 그런 이들이 다스리는 사회, 그것이 다니엘학습법의 '의도하지 않은' 상상력이 구축할 사회의 가능태다.


## 대형교회의
## 대안학교운동


《다니엘학습법》이 대놓고 신자유주의적 성공주의를 드러내고 있다면, 이러한 날것 상태의 자기계발주의와 달리, 많이 '조리된', 하여 그 욕구를 더 승화된 양상으로 드러내는 것처럼 보이는 이른바 '웰빙형 교육운동'이 대형교회의 대안학교 운동이다.

1990년대 말 이전까지 개신교계 대안학교들은 크게 세 가지 양상으로 나타났다. 첫째는 장애인학교 같은 특수교육을 전문으로 하는 대안학교이고, 둘째는 일종의 진보적 가치의 대안교육운동으로, 입시 중심 교육에 반대하는 생태주의나 사회공동체주의를 지향하는 대안학교다. 그리고 셋째는 근본주의 신앙에 기반을 둔 홈스쿨링 운동이다. 홈스쿨링 대안교육은 다양한 동기와 방식으로 수행되고 있는데, 그중 근본주의적인 반문화적 개신교 소종파 일각에서도 벌어지고 있다. 그들은 기성의 제도 교육이 하느님의 질서를 은폐, 왜곡하고 있다면서 자녀들을 학교에 보내지 않고 홈스쿨링 교육을 수행하고 있다.

이 세 가지 유형의 대안학교들은 자발적이든 비자발적이든, 모두 주류 사회의 질서에서 벗어난 교육운동의 성격을 띤다. 그런데 2000년대 이후 개신교계에는 특히 대형교회가 주도하는 새로운 대안교육운동, '주류의 한 중심'에서 벌어지는 대안교육운동이 활기를 띠고 있다는 점이 주목된다.

이 시기에 대형교회들이 대안교육에 관심을 갖게 된 배경은 이렇다. 2000년대에 들어서면서 종교계, 특히 개신교계 사립학교의 종교교육에 대한 사회적 저항이 거세졌다. 2004년 기독교계 사립학교인 대광고등학교에서 강의석 학생이 벌인 채플 거부 단식투쟁은 그 신호탄이었다. 이후 이 문제는 당시 거세게 일었던 반개신교 분위기와 겹치면서 본격적으로 종교 인권의 문제로 비화되었다. 나아가 종교계 사학법인들의 비민주적 재단 운영에 대한 사회적 검열 요구도 빗발쳤다. 2007년 참여정부가 발의한 사학법 개정안은 다수당인 한나라당의 반대에 부딪혀 부결되고 말았지만, 이 개정안은 특히 개신교계 사학재단들의 편법·불법 운영에 대한 시민사회의 강력한 요구와 맞물려 있었다.

또 부진을 면치 못하고 있는 교회학교도 문제였다. 교회를 다니는 어린이와 청소년이 현저히 줄었고, 심지어 신자들조차 자신이 속한 교회의 교회학교에 자녀들을 보내지 않는 풍조가 만연했다. 그것은 조기교육 열풍과 치열한 입시 경쟁이 가열되면서 교회 교육의 자리가 위축된 것이 주된 이유였지만, 동시에 어린이와 청소년에게 유익하고 재밌는 교육의 장이 되지 못하는 교회 교육을 학생들과 부모들이 외면하게 된 것도 중요한 이유였다.

이런 상황에서 일부 대형교회들이, 교회의 모든 어린이와 청소년을 대상으로 하는 평민적 교육 대신 소수의 특권적 엘리트를 대상으로 하는 일종의 귀족교육의 장으로서 대안교육에 관심을 갖기 시작했다. 여기에는 한국의 입시 중심 교육에 대한 문제의식이 기저에 깔려 있었다. 그런 나쁜 교육 환경 속에서 많은 부모들은 환경을 개혁하기보다는 순응하는 쪽을 택했다. 하여 그들은 자녀들을 입시 기계처럼 몰아갔고, 고액의 사교육 시장이 무한 팽창했다.

하지만 다른 부모들은 그런 나쁜 환경에서 벗어나기 위해 외국의 귀족학교들로 자녀들을 조기유학 보냈다. 환경을 개선하고자 노력하지 않았다는 점에서는 앞의 경우와 다르지 않지만, 그 환경에서 자신의 자녀들만은 벗어나게 하려 했다는 점에서는 다른 태도임에 분명하다. 그런데 조기유학 열풍

9장. 자기계발의 시대, 신자유주의적 귀족교육

도 부작용이 심각했다. 특히 가족 해체 사례들이 잇달았다. 이에 국내에서의 대안 모색이 필요해졌다. 한데 여기서도 교육 생태계 전반을 개선하려는 노력 대신 또 다른 우회 전략이 선택되었다. 그것이 대안학교를 만드는 것으로 나타났다.

그런 바람을 발 빠르게 수용한 기관은 대형교회였다. 공교육 기관보다 질 좋은 교육을 할 수 있는 인적·물적 인프라가 가장 잘 갖춰진 사회 단위가 바로 교회였기 때문이다. 게다가, 앞에서 말한 것처럼, 공교육 기관으로서 기독교학교나 대안교육의 장으로서 선데이스쿨에 대한 교회 자체의 문제의식이 고조된 2000년대는 교회가 '질 좋은' 대안학교를 시작하기에 적합한 시점이었다. 하지만 질 좋은 교육은 고비용이 필요하다. 몇몇 대형교회가 고비용을 감당할 수 있는 이른바 귀족 교육 기관으로서 대안학교를 세웠고, 점점 확산되는 추세다.

이들 대형교회의 대안교육에 대한 관심은 두 가지 문제제기가 결합된 양상으로 나타났다. 하나는 민주주의적 사회론의 기조에 대한 비판적 문제제기였고, 다른 하나는 교회의 사학 운영의 전근대성에 대한 문제제기였다. 이 두 문제제기가 수렴되는 지점에 '21세기 글로벌 시대 그리스도교적 인재 양성'이라는 목표가 있다. 민주주의적 사회론의 평등주의나 사학 운영의 전근대성의 공통된 문제점은 현행 교육제도가 사회를 이끌어갈 엘리트의 양성을 방해하고 있다는 데 있다. 하여 기독교계가 주도해서 엘리트 교육을 위한 대안적 교육운동을 벌여야 한다는 것이다. 그것이 바로 2000년대 대형교회들이 주목했던 대안학교운동이다.

## 성공도 격조 있게,
## 웰빙적 귀족교육

다니엘학습법이 개발자 개인의 교수법에 의존하고 있다면, 대형교회의 대안학교운동은 좀 더 제도적이고 시스템적인 체계를 중요시했다. 즉 신자유주의 시대의 엘리트로 성장하게끔 하는 제도적이고 체계적인 교육 장치들이 활용되는 교육기관으로 기독교계 대안학교가 부상한 것이다. 그런데 개발자 개인의 창의적 교수법 외에는 별다른 자원이 필요하지 않았던 전자와 달리, 후자는 인적·물적 자원이 기존의 공교육보다 훨씬 더 풍부하지 않으면 가능하지 않다. 하여 앞서 말한 것처럼, 막대한 인적·물적 자원을 보유하고 있고, 그런 자원을 지지부진한 논의 과정을 거치지 않고 신속하게 활용할 수 있는 대형교회들이 그 일을 벌이기에 안성맞춤이었다. 더구나 자녀교육에 막대한 비용을 지출하고 있는 강남권의 중상위계층이 대대적으로 결집된 지역의 대형교회들에겐 신자들의 필요에 대한 맞춤형 기획인 측면도 강했다.

대형교회들의 대안학교운동은 일종의 귀족화 교육의 측면을 지닌다. 그것은 명문대학 입학뿐 아니라, 신자유주의적 글로벌 시대에 맞는 국제적 인재의 자격을 갖추게 하는 총체적 교육을 추구했다. 유소년 교육기관에서부터 초·중·고등학교까지 다양한 대안교육기관들이 속속 설립되었고, 그 학비는 일반 교육기관보다 훨씬 높았다.♦ 단, 신자들에게 입학의 특전이나 학비의 특전을 주는 경우가 많아, 이런 교육운동은 일종의 선교 프로그램이기도 했다. 지역사회에서 주민들에게 좋은 인상을 주고, 그들을 신자화하기에 용이하며, 신자들의 결속도를 높이는 방법이기도 했던 것이다.

흥미롭게도 이러한 귀족학교들은 배금주의나 성공지상주의를 노골적으로 드러내지 않는다. 사실 다니엘학습법을 받았던 가난한 학생들과는 달리, 처음부터 풍요로운 학생들에게 성공이란 삶의 최종 목적이 아니다. 성공도 격조 있게 이룩되어야 한다. 풍요를 위임받은 자가 격조 있게 재산을 관리해야 한다는 청부론처럼, 귀족적 대안교육은 성공도 품격을 필요로 하는 삶의 요소임을 강조한다. 신앙은 바로 그러한 품격 있는 성공의 준거다. 하여 귀족적 대안학교의 신앙은 웰빙적 자기계발의 수행법인 것이다.

---

♦ 그러나 귀족교육을 펴는 국내외 사립교육기관보다는 훨씬 저렴했다.

# 10장

# '아버지학교'의 '귀족 아빠' 되기

앞 장에서 신자유주의적 자기계발 시대에 등장한 개신교 대형교회의 대안교육운동에 대해 이야기했다. 성공의 대열에서 이탈하지 않는 기독교적 공부법을 찾아 여러 묘수들이 등장했다. 다니엘학습법은 그런 묘수의 하나로 매우 성공적인 반향을 일으켰다. 하지만 교사 주도적이고 입시 중심적인 공부법이 아닌 대안적 방식은 없는가, 자녀의 자발성을 해치지 않으면서 노골적인 성공지상주의와는 다른 '품격 있는' 전인적 교육 방식은 없는가…… 이런 고민들을 담아 등장한 것이 일부 대형교회들에서 대두한 '귀족교육형 대안학교운동'이다.

이곳에서는 학습자의 자기 주도적 공부가 강조되고, 대학 입학에 모든 것이 집중된 입시형 공부만이 아닌 인간화 교육, 그리고 동시에 성도화聖徒化 교육이 수행된다. 그 목적은 몽매한 대중을 복음화하고, 국가를 하느님의 뜻에 걸맞은 나라로 만들기 위한 엘리트로서의 '성도'를 키우는 데 있다. 물론 그것만은 아니다. 한국의 공교육 체계는 세계의 명문대학에 진학하는 데 적합하지 않다는 교인들의 문제의식이 교회의 대안학교 기획의 전제가 되고 있다. 이른바 '금수저 재생산 장치'로서 귀족교육에 대한 요청이 인간화 교육, 성도화 교육이라는 이데올로기와 겹쳐져 있다.

이번 장에서는 또 하나의 기독교적 자기계발 프로젝트의 하나인 가족회복운동에 대해 이야기하고자 한다. 그중 가장 활발히 수행되고 있는 '아버지학교'가 중심 소재다.


## 아버지의 부재

영화평론가 허문영은 1990년대 말부터 2000년대까지 한국 영화의 두드러진 특징을 '소년성'이라고 불렀다. 위기의 사회를 구원하는 영웅적 존재에 열광하는 대신, 부조리한 사회에 홀로 남겨진 소년의 이야기에 관객들이 깊게 공감을 표했다는 것이다. 그 소년들을 지켜줄 아버지는 없었다. 하여 '소년들'은 일종의 고아적 자의식에 빠져 있다.

1980~1990년대의 청년들은 민주주의와 소비자본주의 시대라는 세기적 변화의 길목에서 권위주의와 초고속 산업화로 대변되는 낡은 시대를 이끌었던 아버지 세대의 가치와 불화하면서 새 시대를 개척하는 영웅들의 시대를 살았다. 그

영웅들 중 많은 이들은 낡은 권력과 싸우다 죽어갔다. 해서 1980~1990년대는 '장례식의 시대'이기도 했다. 수많은 장례식들, 그리고 추모일들을 되새기면서 살아남은 자들은 죽은 영웅들을 애도하며 저항의 불꽃을 피웠다.

한데 1990년대 말, IMF 관리체제를 거치면서 그들은 하나둘 고달픈 생존의 질서에 포획되어갔다. 그들의 일상은 신자유주의의 적극적 수행자의 삶으로 채워졌다. 그리고 가끔 찾아오는 죽은 영웅들의 추모일은 살아남은 자들의 슬픔을, 그 비루한 삶을 무력하게 회고할 뿐인, 이른바 '후일담'으로 바뀌어갔다. 그런 집단적 절망의식의 하나가, 허문영이 말한 '소년성'이라는 퇴행적 자의식으로 표출된 것이다. 아버지와는 다르게 살고자 했지만 정작 자신이 아버지가 되자 다른 아버지가 되는 데 실패했고, 그런 절망감이 무의식 속에서 성장을 멈춘 고아 소년으로 남게 했다는 얘기다.

이 퇴행적 소년들의 시대는 그들의 아버지가 겪었던 산업화 시대만큼이나 급격한, 하지만 그 기저에는 성공의 희망보다는 실패의 두려움이 물결치던 시대였다. 1996년, 이른바 선진국 클럽이라 할 수 있는 경제협력개발기구OECD에 가입했고, 그해 1인당 국민 총소득GNI은 1만 2,000달러를 넘어섰다. 이는 1960년보다 무려 154배나 증가한 수치다. 그러나 선진국의 일원이라는 과잉된 자의식의 기반이 된 국가 경제는 '1997년 외환 위기'와 '2008년 금융 위기'라는 두 번의 신자유주의적 금융자본 쓰나미 사태로 절단이 나버렸다. 이런 상황에서

만신창이가 되어 냉혹한 사회 속에 내던져진 시민들은 자신을 지켜줄 아버지가 절실히 필요했다.

하지만 사회 곳곳에서 '아버지의 부재'를 하소연하는 소리가 분출했다. 위기에 처한 아들을 위해 목숨 걸고 악당과 용감하게 맞서 싸워 이기는 상상 속의 아버지는 현실에서는 아무 역할도 하지 못했다. 극우주의 정권이 열광했던 영화 〈국제시장〉(2014)의 아버지 '덕수'(황정민 분)처럼 혹독한 한반도의 역사에서 가족을 위해 헌신한 성공적인 아버지 이야기는 극우주의적 신화나 다름없었다. 오히려 〈효자동 이발사〉(2004)에서 극우 독재자인 대통령의 전속 이발사 성한모(송강호 분)가 이데올로기에 갇혀 오히려 아들을 장애자로 만들어버렸던 것처럼 '뒤틀린' 헌신으로 드러났다.

신윤동욱 기자는 2006년 《한겨레21》의 기획기사에서 현실의 아버지에 관한 다섯 가지 기억을 이렇게 요약했다. "말없는 아버지, 힘없는 아버지, 때리는 아버지, 이혼한 아버지, 죽은 아버지." 그러나 여기에는 최악의 이야기가 숨어 있다. "어쩌면 그 소년들이 맞서고 있는 사회, 그 나쁜 체제 자체가 아버지였는지도 모른다"는 것 말이다.

'소년'이라고 했다. 소녀가 아니다. 여기서 소년은 '퇴행적 남자'를 말한다. '어른이 되지 못한 남자'다. 그들은 아버지의 질서와 불화하면서도 아버지의 권력을 동경한다. 저항하기보다는 숨어버리고, 조절되지 못한 힘을, 폭력을 더 약한 이에게 남용한다. 사회학자 문승숙이 신자유주의 시대 한국 사회 해석에 활용했던 과잉남성성hypermasculinity 개념은 바로 이러한 현상을 설명해주는 적절한 논리다. 또 재미 여성신학자 김나미는 이 개념을 차용하여 한국 개신교의 동성애 혐오주의와 이슬람 혐오주의를 해석했다. 아무튼 1990년대 말 이후 한국의 남자들은 그런 '소년'으로 남겨졌다. 이 미성숙한 소년성이 신자유주의와 만나면서 형성된 퇴행적 소년들의 사회는 마초적 폭력에 휩쓸렸다.


## "아버지가 바로 서야
## 가정이 산다"


몸은 어른인데 퇴행적 소년성의 증상을 보이는 '올드보이'들이 남편이 되고 아버지가 되었다. 해서 이 올드보이들의 가족은 결속의 위기, 아니 해체의 위기에 직면했다. 이 올드보이들을 어떻게 해야 하는가? 이에 대한 기독교적 대안이 '아버지학교'다.

"아버지가 바로 서야 가정이 바로 선다." 한국 기독교 아버지학교의 효시이자 한국 사회를 대표하는 아버지 프로젝트인 '두란노아버지학교'의 슬로건이다. 가족의 위기에 대한 대안은 '아버지의 변신'에 있다는 얘기다. 그 변신을 위한 프로젝트가 아버지학교다.

두란노아버지학교는 1995년 온누리교회의 출판기업인 두란노서원의 프로그램으로 시작되었고, 2001년에는 독립 조직으로 확대 개편하여 '두란노아버지학교 운동본부'가 발족했다. 그리고 2007년에는 사단법인이 됨으로써, 아버지 프로그램은 명실공히 아버지 변신 프로젝트로 공식화되었다. 2020년 5월 현재 국내 지부가 80여 개이고, 해외 74개국으로 확산되었으며, 수료자는 40만여 명이나 된다고 한다.

게다가 온누리교회 교인으로 아버지학교를 수료한 이들이 종교를 불문하고 도처에서 두란노아버지학교 프로그램을 차용한 아버지학교를 개설하고 있으며, 그 밖에 여러 공기업과 사기업에서도 두란노아버지학교를 모범으로 하는 아버지학교가 속속 만들어졌다. 또 수많은 중대형 교회들, 그리고 가족 회복을 목표로 하는 종교 단체 혹은 비종교 단체들도 앞다투어 아버지학교를 열고 있다.

아버지학교는 더 나아가, 기독교적 가족 회복 프로젝트만이 아니라, 선교 프로젝트로서 부각되기도 했다. 대형교회 중심의 선교단체인 한국세계선교협의회가 개최하는 세계선교

전략회의는 2010년 대회에서 새벽기도, 제자훈련, 가나안농군학교, 성시화 운동과 더불어 아버지학교를 한국형 선교 모델로 꼽았다. 세계 각 지역에서 한국의 선교단체들이 아버지학교를 개설하고 있고 이것이 일정한 선교 효과를 보고 있다는 판단에서 아버지학교를 선교 아이템으로 해석한 것이다.

## 아버지 중심
## 가족 프로젝트

그렇다면 두란노아버지학교가 꿈꾸는 아버지 변신 프로젝트는 무엇일까? 앞의 슬로건에서 보았듯이 '가족의 복원'이다. 가족이 위기에 처한 것은 아버지의 부재로 인한 것이니 아버지를 소환하여 가족을 복원하겠다는 것이다. 그러나 시대가 변했다. 그냥 전통적인 아버지가 귀환한다고 되는 것이 아니다. 실은 아버지가 된 이들 자신이 전통적 아버지로 인해 삶이 굴절되었다. 앞에서 말한 용어로 하면 '굴절된 존재'는 어른이 되지 못한, 소년성이라는 악령에 들린 퇴행적 남자다. 그런 퇴행적 남자가 올드보이가 되었고, '아버지답지 못한 아버지'가 되어 주권의식이 강화된 아내와 자녀들 사이에 끼여 무의미한 존재로 전락했다.

하여 두란노아버지학교의 첫 번째 미션은 아버지가 된 소년들이 자신의 아버지와 화해하게 하는 것이다. 권력을 홀

1995년 두란노아버지학교 포스터.

로 장악하여 가족의 모든 것을 좌지우지했던 아버지, 그로 인해 꺾였던 그때의 열정들이 세월이 흐르면서 뒤틀린 흔적으로 몸에 잔류하여 성숙한 어른으로 성장하는 것을 방해한다. 미성숙한 소년성의 어른, 이 올드보이들이 지금은, 어린 시절 자신의 아버지와 같은 전제적 권력이 없으면서도 종종 아버지의 권력을 모방한다. 조절되지 않은 미숙한 권력은 아내와 자녀로 하여금 마음을 닫게 하고 관계를 닫도록 만든다.

가족의 위기는 이렇게 왔다고 아버지학교는 이해한다. "아버지가 바로 서야 가정이 바로 선다"는 아버지학교 슬로건이 의미하는 바는 이렇다. 하여 아버지와의 기억을 소환하여 그를 폭군이 아닌 '사랑의 아버지'로 회상함으로써 화해를 도모하는 것이다.

자신의 아버지와의 화해로 시작되는 아버지의 변신은 두 번째 단계에서 아내와 자녀들과의 화해를 모색한다. 아버지학교의 이 두 번째 단계는 TV의 가족 회복 프로그램처럼 다분히 신파적이다. 아내와 데이트하고 자녀와 데이트한다. 매뉴얼에 따라, 사랑한다는 과장된 고백을 하고 꽃을 건네주며 분위기 좋은 레스토랑에서 같이 밥을 먹는다. 프로그램 도우미가 그 과정을 감동의 시간으로 만들기 위한 장치들을 도처에서 가동한다. 그리하여 수많은 마음의 상처들로 너덜너덜해진 관계가 눈물의 화해를 통해 극적인 반전에 이른다.

아버지학교의 초점은 아버지에 있다. 아버지는 모든 어긋난 관계의 원인이 자신임을 고백하고 변신을 과장스럽게 연기한다. 이렇게 아버지가 변신하는 것, 아버지의 그런 선행적 변신 행위가 가족 회복의 실마리라는 것이다. 왜 아버지가 초점인가?

여기에는 아버지학교가 생각하는 가족 개념에 관한 이데올로기가 들어 있다. 〈에베소서〉와 〈골로새서〉 같은 바울 저작들♦에 나오는 이른바 '가훈 교리'가 담고 있는 가족론이다.

아내 된 이 여러분, 남편에게 하기를 주님께 하듯 하십시오. 그리스도께서 교회의 머리가 되심과 같이, 남편은 아내의 머리가 됩니다. 바로 그리스도께서는 몸의 구주이십니다. 교회가 그리스도께 순종하듯이, 아내도 모든 일에 남편에게 순종해야 합니다. 남편 된 이 여러분, 아내를 사랑하기를 그리스도께서 교회를 사랑하셔서 교회를 위하여 자신을 내주심같이 하십시오. 그리스도께서 그렇게 하신 것은, 교회를 물로 씻고, 말씀으로 깨끗하게 하여서, 거룩하게 하시려는 것이며, 티나 주름이나 또 그와 같은 것들이 없이, 아름다운 모습으로 교회를 자기 앞에 내세우시려는 것이며, 교회를 거룩하고 흠이 없게 하시려는 것입니다. 이와 같이, 남편도 아내를 자기 몸과 같이 사랑해야 합니다. 자기 아내를 사랑하는 것은 곧 자기를 사랑하는 것입니다.

자기 육신을 미워한 사람은 없습니다. 누구나 자기 육신을

---

♦ 이 문서들은 바울의 친서가 아니라 위서로, 그리스도과 교회가 제도화 및 체제 내화되는 첫 번째 단계를 보여준다. 현대 바울학계에서 널리 인정되고 있는 바울의 위서는 〈에베소서〉와 〈골로새서〉 외에 〈데살로니가 후서〉, 〈디모데 전서〉, 〈디모데 후서〉, 〈디도서〉 등 6개 문서다. 한데 이 위서들의 바울과 친서의 바울은 거의 왜곡에 가까울 만큼 다르다. 가족에 대한 이해에서도 그렇다. 문제는 아버지학교가 추구하는 가족 모델이 바울 위서의 가족론에 기반을 두고 있다는 것이다. 위서에 반영된 가족론을 요약하는 특징적 개념은 '사랑의 가부장주의'다. 즉 가부장이 차가운 권력이 아니라 따뜻한 권력으로 가족을 돌보는 자라는 주장이다. 반면 친서 속의 바울은 가족주의를 넘어, 타자에게 열려 있는 공동체를 새로운 가족으로 주장한다. 이때 새로운 가족은 전통적 권위를 그대로 인정하는 가족이 아니라 유대인도 이방인도, 자유인도 노예도, 남자도 여자도 차별하지 않는 공동체다.

먹여 살리고 돌보기를 그리스도께서 교회를 그렇게 하시듯이 합니다. 우리는 그리스도의 몸의 지체입니다. 그러므로 사람이 부모를 떠나 자기 아내와 합하여 그 둘이 한 몸이 되는 것입니다. 이 비밀은 큽니다. 나는 그리스도와 교회를 두고 이 말을 합니다. 그러므로 여러분도 각각 자기 아내를 자기 몸같이 사랑하고, 아내도 자기 남편을 존중하십시오.

자녀 된 이 여러분, [주 안에서] 여러분의 부모에게 순종하십시오. 이것이 옳은 일입니다. "네 부모를 공경하라"고 하신 계명은, 약속이 딸려 있는 첫째 계명입니다. "네가 잘 되고, 땅에서 오래 살 것이다" 하신 약속입니다. 또 아버지 된 이 여러분, 여러분의 자녀를 노엽게 하지 말고, 주님의 훈련과 훈계로 기르십시오.

—〈에베소서〉 5장 22절~6장 4절

길게 인용한 이 성서 구절에서 가족 관계의 원리는 그리스도가 교회의 머리인 것처럼 남편/아버지가 아내/자식의 머리라는 것이다. 이때 머리로서 남편/아버지는 권위적이기는 하되 폭군적 존재는 아니다. 〈골로새서〉 3장 21절 "자녀들을 들볶지 말지니"나 〈에베소서〉 6장 4절 "자녀를 노엽게 하지 말고" 같은 구절들은 가정의 머리로서 자신의 뜻에 따라 힘으로 자녀를 대하는 아버지가 아니라 자녀를 돌봐주고 차분하게 이끄는 대화적 부성을 강조한다. 이 바울의 위서들은 폭력적인 아버지의 훈육 풍조를 비판하며 자녀를 이성적으로 이끄는 아버지상을 강조하고 있는 것이다. 이것을 저명한 제2성서(신약성서) 학자이자 교육학인인 게르트 타이센Gerd Theissen은 '사랑의 가부장주의liebe-Patriarchalismus'라고 불렀다. 바로 이것이 아버지학교의 가족 이데올로기다. '권력의 가부장주의'가 아니라 '사랑의 가부장주의'에 기반을 둔 아버지 변신 프로젝트, 아버지가 바로 서야 가족이 산다는, 아버지 중심의 가족 프로젝트가 바로 아버지학교인 것이다.

## '귀족 아빠' 되기

이 프로그램에 참여했던 많은 아버지들은 깊은 공감을 표했고 변신을 모색했다. 아버지학교를 수료한 대부분의 아버지들은 간증을 통해 자신이 변신하니 갈가리 찢겼던 가족이 다시 하나가 되었다고 말했다.

과연 그런 진술들이 사실인지는 알 수 없다. 이와 같은 무수한 성공 스토리의 주역들은, 어쩌면 아버지학교를 통하지 않고도 이미 '전제적 아버지'가 아닌, '대화적 아버지'였는지도 모른다. 그 가족은 '이미' 변신한 아버지, 이미 잘 형성된, 혹은 잘 형성될 여건이 갖추어진 가족 관계였기에 애초부터 심각한 위기의 가족이 아니었는지도 모른다. 그럼에도 아버지학교를 수료한 이들은 아버지학교를 통한 위기 해소의 가족을 '연기'하고 있는지도 모른다. 자기도 모르게 하는 무의식적 연기 말이다. 즉 아버지학교는 그러한 '자기 속임'을 정당화하는 신학적·사회학적 장치일 수 있다는 것이다. 하여 이 간증들은 자신과 가족의 신앙적 올바름에 대한 무의식적인 홍보 행위와 다름없는지도 모른다.

토요일 오후 3시부터 9시까지 진행되는 5주짜리 프로그램과 그것에 덧붙여진 신파적 이벤트 몇 번으로 뒤틀린 관계가 회복될 가족이라면 '위기의 가족'이라고 할 수 있을까. 실제로 아버지학교를 다녔던 남편/아버지의 아내들과 자녀들 가운데는, 아버지학교 공식 매체의 성공 스토리와는 다른 진술을 하는 이들이 적지 않다. 여러 실패담을 모아보면 이런 짧은 문장으로 요약된다. "그때뿐이었어요." 이것은 아버지학교를 이수한 남편/아버지 가운데, 성공 스토리의 주인공이 될 만한 이들은 이 학교 수료 덕이라기보다는 이미 성공할 만한 요소를 두루 갖추었거나 어쩌면 가족 위기를 겪고 있지 않은 남편/아버지였을 수 있다는 것을 뜻한다.

하지만 주지할 것은 성공담을 간증한 남편/아버지들은 아버지학교가 결정적인 매개 역할을 했다고 생각하고 있다는 점이다. 그리고 이런 간증의 주역들은 자신이 속한 교회의 오피니언 리더인 경우가 많다. 요컨대 아버지학교는, 그것이 진정 '위기의 가족'을 회복하는 효과가 있었는지와는 관계없이, 교회의 가족 회복 이데올로기를 대변하는 제도적·담론적 장치로서 작동하고 있다는 것이다.

그렇다면 교회의 가족 회복 이데올로기는 어떤 것일까? 그전에 먼저 한국 사회에서 점점 심각해지고 있는 가족의 위기에 대해 살펴보자. 앞에서 '고아 의식의 소년성'에 대해 말한 것처럼, 오늘 한국 사회의 가족의 위기는 두 번의 경제 대란이 결정적인 계기가 되었다. 두 번의 경제 대란은 신자유주의 질서를 세계의 어느 나라보다 충실하게 도입하게 하는 요인이 되었다. 자본은 어떤 제도적 장애물 없이 이윤 추구 행위를 극단적으로 수행했고, 그 안에서 사람들은 출구 없는 생존 게임에 돌입했다.

특히 금융권의 부실한 신용 시스템의 위험 요소를 대출 상품 소비자에게 전가시키는 장치인 연대보증인 제도는 대출금 상환에 실패한 이의 연대보증인으로 등재된 가족이나 기타 '절친'들에게 미수된 대출금을 떠넘겼다. 무수한 이들의 파산을 야기한 외환 위기와 금융 위기는 연대보증인이 되어준 우정의 동반자들까지 파산시켰다. 이러한 일이 숱하게 벌어지고 나서 사회는 '가족도, 친구도 없는' 홀로 살아남아야 하는 정글이 되었다. 또 기업 파산의 위기를 함께 짊어지자는 취지로 도입된 고용 유연화 조치들은 기업으로 하여금 노동자의 비정규직 전환을 남발하게 했다. 이것은 정규직과 비정규직 간의 갈등과 위화감을 심화시킴으로써 함께 일하는 노동자들의 관계도 산산이 부서졌다.

이와 같이 무수한 관계 파괴들이 신자유주의적 제도들에 의해 대대적으로 조장되었다. 신자유주의적 담론들도 마찬가지다. 이 담론들에 의하면 사람들이 겪고 있는 위기는 그들 자신의 내적 문제 때문이고, 성공 또한 오로지 자기 관리가 성공했기 때문이다. 이와 같이 모든 것은 개인의 문제로 환원된다.

그런데 실상은 그 누구도 고독한 개인으로만 살아가기란 쉽지 않다. 매우 성공적으로 자기 관리를 하는 이들조차 그 과정은 고독하고 힘겹다. 누군가 동반해줄 이가 필요하고, 더욱 절실한 것은 누군가의 도움이다. 그런데 이런 사회에서 나를 도와줄 이는 직계가족 외에는 없다. 해서 아버지, 어머니가 절실하다. 여기에 전통적 가족주의 이데올로기가 사람들에게 유혹적으로 다가온다. 어머니가 친밀한 품이라면, 아버지는 든든한 기둥이다. 한데 우리 시대에 '기둥'이라는 말의 숨겨진 의미는 '경제적 후원자'다. 하여 그런 아버지가 되려면 경제적 능력이 절대적으로 필요하다. 더욱이 경제력 있는 아버지가 권위적으로 자식을 압박하지 않고, 다정하게 대화하고 격려하는 존재라면 그야말로 최고다.

바로 이런 상황에서 경제적 능력이 있는 다정한 아버지들의 가족 이데올로기, 그 제도적 장치가 온누리교회를 필두로 하는 강남권 교회들 사이에서 널리 유행하고 있는 아버지학교다. 이것은 낡은 산업주의적이고 권위주의적인 근대의 시대를 넘어서 사랑의 가부장주의를 윤리적 모토로 하는 기독교적 후기근대의 가족 회복 프로젝트인 것이다.

아무튼 (두란노)아버지학교는 참가자들에게 이 기획이 굉장히 중요한 것이라는 자긍심을 주었음이 분명하다. 적지 않은 이들이 이 경험에 기초해 자신의 일터(관공서, 교도소, 회사 등)에서 유사한 아버지학교를 개설했다. 물론 그들은 일터에서 막강한 영향력을 가진 책임자들이다. 그들은 사회 엘리트로서, 자신의 가족의 범주를 넘어, 아버지학교를 통한 '사회 계도'의 소명을 수행하고자 했다.

물론 최고위층의 엘리트만 아버지학교의 수강자는 아니다. 하지만 그들은 5주 동안 토요일 오후 3시부터 6시간 동안이나 이 프로그램을 위해 시간을 낼 수 있는 사람들이다. 또 아내와 데이트하기, 자녀와 데이트하기 등의 숙제를 수행할 여력이 있는 사람들이다. 물론 그 과정에서 이벤트 비용이 추가된다. 또 생계 노동에서 한발 물러서서 가족을 위해 살겠다고 가족에게 공표하도록 요구받는데, 기독교적 가훈 교리에 기초한 가장은 여전히 가족의 생계를 돌봐주는 존재다. 그런 이가 공표하는 가족을 위한 삶의 리스트에는 '안락한 소비 생활을 위한 지출 가능'이라는 숨은 항목이 담겨 있다. 그러니 수강료(10만 원)가 비교적 저렴함에도, 이 프로그램에 참여하기 위한 실비용은 그리 저렴하지 않다. 모두가 그렇다고 단정할 수는 없어도 대체로 중상위층의 사회적 위상이 요구된다.

그런 이들이 가족을 위해 헌신하는 아버지의 자격을 얻는다. 아버지학교는 그런 정당성을 그들에게 부여한다. 그리고 가족은 수료식을 통해 아버지에게 부여된 신앙적 인준을 공유하게 된다. 즉 아버지학교는 그 스스로에게, 그리고 가족과 사회에 그를 '웰빙 귀족 아빠'로 공인하는 사회적 장치다.

대형교회와 웰빙보수주의

그는 웰빙 귀족으로서, 그런 아빠의 가치를 사회에 널리 전파하는 자로서 소명을 갖게 되는 것이다.

# 11장

# '성性으로 성聖하라'
### 웰빙 신성가족의 신앙 서사학

## 외설과 이단, 그들만의 전쟁

2009년 한국 개신교계에는 이상한 논쟁이 벌어졌다. 2005년에 발행된 《하나 되는 기쁨》이라는 책을 둘러싼 외설, 이단 논란이었다. 캐나다밴쿠버세계관대학원대학교 교수인 양승훈이 '최희열'이라는 필명으로 집필한 이 책이 문제가 된 것은, 그리스도인 부부의 성에 대한 '도발적'(?) 표현이 많은 데다 성을 통한 신앙의 성숙을 논하고 있다는 점 때문이었다. 첫 경험, 체위, 오르가슴, 전희 같은 성관계에 관한 적나라한 단어 및 정보와 지식들이 다뤄지고 있고, 그것을 꺼리기보다는 적극적으로 의미를 되새기는 신앙이 필요하다는 주장에 대해 적지 않은 목사들과 장로들이 경악했던 것이다.

물론 그 당시의 일반적인 사회 상식에서 보면 이 책이 외설 시비가 붙을 만한 내용은 전혀 아니다. 시기상으로는 이 책보다 60여 년 전에 출간됐지만 내용 면에서 비교할 수 없을 만큼 훨씬 도발적이고 급진적인 주장을 담고 있는 《킨제이 보고서》의 한국어판이 《하나 되는 기쁨》보다 10년 전에 출간되었고, 영화 〈킨제이 보고서〉의 한국 상영도 2005년에 있었다. 공교롭게도 《하나 되는 기쁨》이 출간된 그해였다. 또 독일판 '킨제이 보고서'라고 알려진, 독일 청소년의 성교육 안내서인 《섹스북》도 《킨제이 보고서》가 발간된 그해에 출판되었다. 성교육 강사인 구성애의 TV 강연이 대중의 열광적 반응을 일으켰던 때도 1998~2000년 무렵이다.

2000년대에는 훨씬 더 거침없는 성에 대한 표현이 대중문화를 휩쓸었다. 섹스에 대한 거침없는 정서를 표현한 박진영의 음반 《게임》(2001), 사도마조히즘sadomasochism적 섹스와 사랑을 다룬 영화 〈거짓말〉(1999), (남성)동성 간의 사랑을 소재로 다룬 드라마 〈인생은 아름다워〉(2010), 영화 〈왕의 남자〉(2005)와 〈쌍화점〉(2008), 그리고 노인의 성을 다룬 영화 〈죽어도 좋아〉(2002) 등, 성을 소재로 한 대중문화 콘텐츠들이 2000년 이후 쏟아져 나오기 시작했다.

그러나 교회에서는 사정이 달랐다. 《하나 되는 기쁨》의 내용이 이성애, 가족주의 규범에 국한된 것으로서 보수주의적 성 이해에서 벗어나지 않는 것임에도, 교회는 숨겨야 할 성에 관한 얘기를 공론의 장으로 노출시킨 것에 강력히 반발했다. 논란이 벌어지자 저자는 자발적으로 책을 절판시켰다.

《하나 되는 기쁨》의 외설 및 이단성을 고발하는 9개 평신도 단체들의 기자회견(왼쪽).
이 책의 성서 해석의 위험성을 다룬 학자들의 포럼(오른쪽).

이 논란은 절판 이후에도 계속되었는데, 흥미로운 것은 한국기독교총연합회(이하 한기총) 이단대책위원회가 끼어들어 '반기독교적 음란서적'으로 이 책을 낙인찍었다는 점이다. 음란서적 규정에 '이단성'을 다루는 기관이 나섰다는 것은 성의 논쟁이 와전되고 있음을 의미한다. 그 연장선상에서 이 책의 추천자라는 이유로 한기총의 징계를 받은 정동섭(가족관계연구소 소장)은 이 책을 비판하는 자들의 배후에 구원파 지도자로 알려진 기독교복음침례회의 유병언이 있다고 역공을 폈다. 사실 정동섭도 이단 사냥에 누구 못지않게 활발한 활동을 펴온 이였기에, 이 책을 둘러싼 논란이 이단 논란과 뒤엉키는 것은 불가피한 것이었는지도 모른다. 하지만 이 책의 소비자인 기독교 대중에게 외설 논란과 이단 논란이 뒤섞이는 현상은 어처구니없는 것이었다.

'그들만의 전쟁'을 밖에서 보면 논리도 뜬금없고 그 과장된 반응이 터무니없어 보인다. 하지만 많은 개신교 지도자들에게 성을 노골적으로 이야기하는 것이 얼마나 당혹스러운 문제인지를 이 사태는 적나라하게 보여주었다.


## 가정사역 현상과 '주권신자'


한데 교회가 성 문제에 대해 그렇게 꽉 막힌 것만은 아니다. 한기총과 그 주변의 수구적 개신교 엘리트들과 달리, 개신교의 다른 한편에서는 《하나 되는 기쁨》 유형의 책과 프로그램이 매우 적극적으로 소비되고 있었다. 성을 드러내 이야기하고 그것을 성찰하는 것이 신앙의 문제라고 생각하는 일단의 기독교 전문가들은 이러한 활동을 '가정사역'의 주요 항목으로 간주했다. 전통 신학 분류에는 없던 새로운 항목이 등장한 것이다. 그것이 처음 제기된 곳이 바로 한국이었다.

　　최초의 가정사역 전문가는 1976년 활동을 시작한 심리학자 양은순으로 알려져 있다. 그녀는 유일무이한 가정사역 전문가로 활동하다가, 1987년 가정사역 상담사 양성 기관인 HOME Home Operational Mobilization Education을 서울에 창립하고 전국 각처에 지부를 설립했다. 현재는 미국에서 가정사역 전문 대학인 히즈대학His University을 설립하여 총장으로 재직하면서, 가정사역이라는 의제를 신학 내부 문제로 다루는 선구자가 되었다. 그녀 식의 가정사역에 논란의 여지가 없지 않지만,

히즈대학과 양은순의 활약으로 신학계에서 가정사역 전문가의 활동 영역은 점차 확장되고 있다.

한국에서 가정사역 전문가들이 여러 단체를 만들어 본격적으로 활약하게 된 것은 대략 2000년대 초부터다. 이는 양은순 같은 이들이 구축한 가정사역 전문가 양성 제도에 큰 빚을 지고 있지만, 동시에 그들의 프로그램을 소비하는 교회 대중이 폭넓게 등장한 것이 중요한 배경이라 할 수 있다.

나는 이 대중의 정체를 '주권신자'와 연결시킬 수 있지 않을까 추정한다.《하나 되는 기쁨》논란이 시사하듯, 많은 교회와 목사들은 여전히 성 문제를 적나라하게 이야기하는 것에 뿌리 깊은 거부감을 갖고 있다. 신학대학에서 이 문제를 다루는 커리큘럼은 전무하고 목사들의 재교육 프로그램에서도 성과 가족을 연관시키는 경우는 거의 없다고 해도 과언이 아니다. 그러니 대다수 개신교 신자들이 교회로부터 성에 대한 실제적인 신앙적·신학적 안내를 받을 가능성은 별로 없다.

한데 신자들의 수평이동 현상이 만연해지면서, 이 떠돌이신자들은 교회가 알려주지 않는 수많은 정보들과 해석들을 접하게 되었다. 그리고 마치 대선 후보들의 정책과 이미지를 검토하면서 투표권을 행사하게 된 주권시민들처럼, 떠돌이신자들은 그런 이해와 정보에 부합하는 교회를 선별 방문했다. 이 과정에서 그들은 점점 '주권신자'가 되어갔고, 일부 대형교회들이 주권신자로 주체화된 이들의 관심에 부합하는 프로그램들을 마련해 수평이동신자들의 주목을 받게 되었다.

성에 대해 침묵의 철옹성 같은 교회의 언저리를 떠돌던 주권신자들은, 과감한 성적 표현들을 이야기하면서 철학과 예술을 논하고 대중문화를 체험하는 사회문화 분위기에 더 많이 노출되었다. 하여 그들은 신앙을 성과 적극적으로 연관시켜 이야기하지 않으면 안 된다는 문제의식에 직면했다. 바야흐로 가정사역 전문가들이 주관하는 프로그램이 크게 환영받는 시대가 도래한 것이다. 바로 2000년대 무렵이었다.

## 왜 그때인가,
## 가족이 무너지고 있었다

그때는 한국 사회에서 가정의 위기가 심각하게 체감되기 시작한 때였다. 첫 번째 이유는, 앞에서 언급한 것처럼, 그 무렵 성의 문제를 더 이상 숨기지 않고 적나라하게 이야기하는 문화 콘텐츠들이 속출하고 있었다는 점과 관련이 있다. 많은 이들이 일상을 살아가면서 성 문제에 빠르게 개방적으로 변해가고 있었다. 그것은 가족 관계를 원만하게 형성하는 데 주요한 항목이지만, 많은 이들의 몸은 그 변화를 따라가기엔 너무 둔탁했다. 바야흐로 성 문제가 가정 위기의 주된 원인이 되고 있었다.

이러한 현상과 관련하여 또 하나 주목할 것은 매체 환경의 변화다. 이른바 종이 문자 시대에서 디지털 문자 시대로 빠르게 이행하면서 정보의 유통 체계가 국경의 장벽을 손쉽게 넘나들게 되었다. 정보를 공유하는 네트워크화된 웹 공간을 최적화하는 월드와이드웹World Wide Web과 그것을 활용하는 온라인 서비스 체계인 인터넷이 발명된 것이다. 한국에서 인터넷의 상용화는 KT가 1994년 6월 인터넷 서비스를 시작하면서부터다. 이후 한국 인터넷 역사는 그야말로 전대미문의 엄청난 성장을 이룩했다. 2003년에는 초고속 인터넷의 가구 보급률이 세계 1위에 올라섰다. 2010년대에는 노트북과 스마트폰의 대두와 함께 인터넷의 개인 보급률이 중요해졌는데, 현재 한국은 개인 보급률에서 단연 1위를 지키고 있고, 무엇보다 중요한 초고속 인터넷의 평균 속도에서도 압도적인 1위다.

이 현상이 일으킨 파급력은 사회 전 부문에서 다양하게 나타났지만, 여기서는 이 장의 주제와 관련해서만 간략히 언급해보자. 정보의 유통 체계가 국경을 손쉽게 월장하게 되었다는 것은 국가를 중심으로 발전해온 규범의 공간적 장벽이 빠르게 와해되고 있다는 것을 뜻한다. 성 규범의 국경적 장벽의 해체 현상은 그중 가장 대표적인 사례에 속한다. 특히 전통적 장벽이 구축해온 성적 질서에서 하위 주체였던 여성과 청소년에게 인터넷으로 인한 주체화 효과는 놀라웠다. 전통적 가족의 남성 가부장제적 구심력이 더 이상 효과적으로 작동하지 못하는 상황에 이르게 된 것이다. 즉 전통적 규범이 작동하는 가족의 위기는 구조화된 현상이다.

그러나 한국 사회가 직면한 가정 위기의 보다 직접적인

이유는 외환 위기(1997)와 금융 위기(2008)라는 신자유주의적 경제 대란과 관련이 있다. 당시 무수한 남편들이 일터에서 퇴출되었다. 다행히 살아남은 이들은 생존을 위해 더 불리한 노동 상황을 받아들여야 했다. 집은 더 이상 쉼터가 아니었다. 많은 이들이 직장에서 못다 한 일과 터질 듯이 쌓인 스트레스를 품은 채 귀가했다. 전업주부인 많은 아내들은 결혼으로 단절된 경력 탓에 매우 열악한 조건의 노동시장에 뛰어들었다. 이렇게 가열된 생존경쟁 상황은 학교로까지 이어졌다. 명문대학의 유명 학과에 진학해야만 미래가 있다는 입시 묵시록이 사회 구석구석까지 확산되었다. 하여 자녀들은 거의 학대라고 해도 과언이 아닌 야만적 교육체계 속으로 휘말려들었다.

중상위계층은 그나마 형편이 나았다. 아니, 실은 이 시기에 사회 양극화가 급박하게 심화되었고, 유리한 계층은 훨씬 더 유리해졌다. 그러나 그렇게만 이야기하는 것은 너무 외면적인 평가일 뿐이다. 그 상황을 더 유리한 기회로 맞은 이들도 마치 아슬아슬한 얼음판 위를 걷듯 불안해했다. 자신이 잘못할 경우♦ 신자유주의 시스템은 무자비한 보복을 가했다. 물론 보복을 체험하지 않은 이들이 훨씬 많았지만, 그들 또한 최악의 불행에 대한 예감에서 결코 자유로울 수 없었다. 또 개인의

---

♦ 모든 사건·사고를 개인의 잘못으로 취급하는 것은 전형적인 신자유주의적 문법이다. 하여 사건·사고의 배후를 묻는 문제의식이 약화되었고, 자신의 내면적 잘못을 발견하려는 관행이 더욱 확산되었다.

잘못과 무관하게 재앙이 닥치는 일도 허다했다. 사회안전망은 애초부터 없었으니 사람들은 개별적으로 자신과 가족의 안전 망을 가설하기 위해 더 안달하며 일했다.

이런 사회 재앙의 시기에 가족이 한층 심각한 위기에 직 면하게 된 것은 당연한 일이겠다. 더욱이 그 시기는 민주화의 시대였다. 가족 구성원 모두 평등한 주권을 가진 존재라는 자 의식이 한층 발전하고 있었다. 게다가 소비사회로의 변화가 초고속으로 진행되고 있었다. 이제까지 약자였던 아내와 자녀 들은 가족 내의 권력투쟁에서 좀 더 유리한 자원을 보유하게 되었다. 소비자로서 트렌디한 감각이 바로 그것이다. 이제 아 내와 자녀들은 호락호락하지 않은 사회적 주권의식으로 무장 하고 있었다. 가족 내에서 민주주의적 타협과 대화의 전통이 성숙하기 전에 가족 구성원 각자의 주권 의지가 급상승했다.

하여 2000년대 가정은 '더 많은' 민주주의를 위한 쟁투의 현장이었다. 아내의 반란은 거셌고, 심한 스트레스에 피로도 가 치솟은 남편과 아내의 대화 능력은 퇴화했다. 부부 싸움이 늘었고 이혼율은 급증했다. 자녀들은 집에서 엄마와 아빠의 전투를 더 자주 마주해야 했다. 집 밖, 학교와 학원에서는 치 열한 학업 경쟁 시스템의 광풍이 몰아쳤다. 그 언저리에서는 또래 집단 사이에서 벌어지는 폭력 문화가 그들을 휘감고 있 었다. 이는 자녀들의 가출과 자살이 급증하는 현상으로 이어 졌다.

가족이 무너지고 있었다. 그런데 그것을 대하는 태도가

양분되었다. 사회적으로 '더 불리한 계층'은 무너지는 가족을 관리할 여력조차 없었다. 거의 무방비로 가족 해체의 고통을 겪어야 했다. 아이들은 교육의 사각지대인 거친 '집 밖 야생 공간'을 배회했고, 부모들은 서로 숨 막히는 일터에서 제 몸 하나 건사할 수 없을 만큼 허우적댔다.

'더 유리한 계층'은 새로운 생존 비용 항목을 추가해야 했다. 그것은 가정 회복 프로그램을 활용하는 경제적이고 심리적인 비용이었다. 그런데 그런 중상위계층을 위한 가정 회복 프로그램이 가장 효율적이고 체계적으로 작동하는 곳이 일부 대형교회였다. 수평이동신자들의 위기와 관심에 가장 민감한 교회들, 특히 물적·인적 자원이 풍부한 강남권 대형교회들이 이런 가정사역을 교회 교육의 주요 항목에 추가했고, 그런 교회들로 수평이동신자들이 더 많이 유입되었다. 하여 가정사역 프로그램은 강남권 대형교회 캐릭터화의 새로운 항목이 되었다.


## 대형교회 성 관리 체계와
## 웰빙보수주의


부부의 성을 다루는 가정사역은 떠돌던 주권교인들이 정박지를 찾는 데 하나의 조건이 되었다. 몇몇 대형교회를 중심으로 부부의 성에 관한 거의 상시적인 프로그램이 만들어졌다. 주로 성에 대해 솔직히 이야기하고 그것을 (금기시하는 것이 아니

한 결혼예비학교의 광고 포스터.

라) 신앙의 일부로 다루는 집단 프로그램이었다.

그 신앙화 담론의 골자는 '성性을 잘 관리함으로써 성性의 체험에 더 깊게 다가갈 수 있다'는 것으로 요약된다. 이렇게 성의 관리를 신앙과 연계시키는 것은 꽤 유효했다. 특히 성에 대해 보다 보수적인 많은 남편들이 성의 관리에 적극적으로 참여했고, 그것은 동시에 '새로운 가족주의'를 낳는 요인이 되었다. 청빈론에 의지해서 과시적 소비를 지양하고 검약한 소비를 실행에 옮기려는 삶의 태도와 함께, 성을 부부간의 것으로 환원시키려는 신앙운동이 교회에서의 보수적인 웰빙 가족주의 문화를 만들어냈다.

기독교적 성 관리 프로그램은 부부만이 아니라 예비부부에게도 유효했다. 많은 교회들이 '결혼예비자학교' 같은 이름의 프로그램을 무수히 만들었다. 성이 부부 관계에서 차지하는 비중이 가장 높은 이들인 만큼, 여기서 성性과 성性의 해석은 매우 큰 반향을 일으켰다.

이러한 가정사역의 목표는 보수적 가족주의의 재구축에 있었다. 실제로 교회와 그리스도의 관계에 관한 교회주의적 서사는 보수적 가족주의를 모델로 하고 있기에 위기에 빠진 가족의 재건은 교회에 너무나 중요한 과제였다. 이때 '보수주의적'이란, 성을 부부간의 문제로 국한시키고 전통적인 이성애적·남성 우월적 성 역할 체계를 고수하는 태도를 의미한다. 그것이 문제적인 것은, 앞에서 얘기했듯이, 부부간의 성 문제가 사회적이고 체제적인 문제와 깊이 연루되어 있고, 성별로 위계화된 성의 관리는 시대착오적인 낡은 삶의 전략이기 때문이다.

한편 교회 청년들에게도 성을 관리하는 문제는 중요했다. 특히 강남권 대형교회의 대학부와 청년부는 거대한 결혼시장의 기능을 하고 있었으므로, 청년들은 성에 관한 교회적 규율 체계를 민감하게 수용했다. 가장 대표적인 여성의 성적 규율 장치 항목은 의복과 관련이 있다. 한때 기독교 의류 쇼핑몰에서 '사랑의교회 스타일'이라는 패션 코너가 있었다. 그 무렵 청년들이 가장 많이 몰려들던 이 교회가 패션을 포함한 교회 청년문화를 이끌었던 것이다. 이에 따르면 단정하고 수수하며 단색 위주의 여성스러운 원피스·투피스 패션이 교회 여성 복장의 모범형으로 소비되었다. 반대로 짧은 치마나 깊게 파인 블라우스, 화려한 액세서리와 화장, 성별 이분체계에 반하는 보이시한 복장 등은 환영받지 못했다. 이때 여성의 복장이 의식하는 시선적 주체는 그녀 자신이 아니라 부모 세대 교인들이었다. 그들이 '잠재적 시부모'이기 때문이다. 이 복장이 잠재적 시부모들에게 전달하고자 하는 메시지는 '남편과 가족을 위해 희생하는 정숙한 여자'라는 것이다. 한편 남성 청년의 성을 규율하는 상징어는 '교회 오빠'다. 이 어휘 속에는 가족을 위해 최선을 다하는 유능한 남자라는 메시지가 함축되어 있다. 도발하고 도전적인 남자가 아니라, 질서에 순응하고 모든 가족 관계에서 책임을 다하는 남자라는 것이다.

이와 같이 성을 통한 교회주의적 신앙 담론이 지향하고 있는 지점은 가족이다. 가족을 위해 헌신하는 이성애주의적 남자와 여자, 부모와 자녀의 관계를 재구축하려는 것이다. 하여 이러한 교회적 가족 이데올로기는, 가족이 절체절명의 위기에 처한 시대에 성의 관리를 통해 가족 관계의 성聖을 구현해내는 '신성가족'의 출현이라는 상상력을 내포한다. 하지만 그것 이상이다. 교회적 가족 이데올로기는 '가족이 바로 서야 나라가 바로 선다'는 믿음으로 이어진다. 즉 기독교적 '신성가족'이야말로 위기의 사회를 구원할 수 있는 영적 주체라는 것이다.

# 12장

# 교회 청년에게 세습되는 웰빙보수주의

## 대형교회 대학부와
## 인맥 공장

거의 모든 교회는 잘 짜인 연령별 조직을 갖고 있다. 대략 유년·소년·청년·장년·노년으로 구성된다. 신자들은 3~4세부터 시작해서 거동 가능한 모든 세대까지 이 연령별 조직들의 일원이 된다. 그러니까 비슷한 연령대의 교인들은 그 교회에 속해 있는 한, 평생 관계가 이어진다. 이렇게 연령별 네트워크가 평생 이어지는 곳은 교회 외에는 거의 찾아볼 수 없다.

확대가족extended family의 관계가 거의 무너지고 심지어 핵가족nuclear family조차 구심력이 심각하게 해체되면서 1인 가족이 가장 일반적인 가족의 지위를 획득하고 있는 오늘날, 이런 잘 짜인 연령별 네트워크가 장시간 유지되는 곳은 개신교 교

**173**

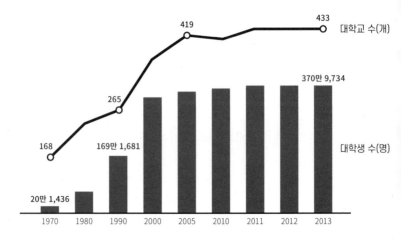

회가 거의 유일하다. 가톨릭과 불교는 신자 조직이 정교하지 않을 뿐 아니라 모임 빈도가 적기 때문에 그 연결망은 매우 느슨하다.

이러한 연령별 네트워크 조직 체계에서 1981년 이후 중요한 변화가 생겼다. 전두환 정권이 졸업정원제를 도입하여 대학 입학 정원을 졸업 정원보다 30% 초과하도록 선발함으로써 대학생 수가 크게 증가한 것이다. 졸업정원제 직전인 1980년 대학생 수는 61만 명 정도였는데, 5년 뒤인 1985년에는 두 배를 훨씬 넘는 137만 명에 달했다. 이렇게 대학생 수가 크게 늘면서 교회 연령별 조직의 순차적 흐름에 약간의 변수가 생겼다. 몇몇 교회에서나 가능했던 대학생부가 독자적인 조직으로 탄생하는 일이 현저히 늘었다.

그러나 고등부와 청년부 사이에 대학부가 마치 연령별

조직처럼 상례화된 것은 1990년대 이후다. 전두환 정권의 졸업정원제 도입보다 훨씬 더 대대적인 대학생 정원 확대가 노태우 정권에 의해 실행되었다. 1989년 대학 자율화 조치의 연장선상에서 대학 입학 정원의 자율화가 추진되기 시작한 것이다. 또한 1996년 김영삼 정권 말기에 최소한의 요건만 갖추면 대학 설립을 허용해주는 '대학 설립 준칙주의'가 도입되면서 대학들이 무수히 양산되었다. 이로 인해 대학생 수가 급격히 증가했다. 한데 그 무렵은 고교 졸업자의 감소가 시작되던 때였다.

이것은 교회에 대학생들이 넘쳐나는 이유가 되었다. 1990년대 전반기 무렵 다른 어떤 종교들보다 대학생들이 가장 많이 선택한 종교가 바로 개신교였기 때문이다. 이런 현상은 대형교회로 갈수록, 특히 강남·강동·분당 지역의 대형교회로 갈수록 두드러졌다. 이 지역들에서는 대학 입학에 실패하면 교회를 떠나는 일이 흔했다. 심지어 서울 소재 대학에 입학하지 못한 학생들이 대학부에 진입하지 못하는 경우도 흔했다. 더 극단적으로는 명문대 학생이 아닌 이들의 대학부 참여를 꺼리는 분위기의 교회들도 있었다. 해서 몇몇 대형교회는 고등부 졸업자 중 재수생을 위한 별도의 조직을 만들기도 했다.◆

이쯤 되면 강남·강동·분당을 비롯한 일부 중상위층 밀집

---

◆ 영락교회의 '베드로부', 지구촌교회의 '꿈사모' 등이 그런 경우다.

지역의 대형교회들에서 대학부는 중요한 인맥 만들기의 장으로 작동할 수밖에 없었다. 명문대 학생들이 많고 그들의 부모도 중상위계층인 경우가 많았기 때문이다. 반대로 대학부에 진입하지 못하거나 탈퇴하는 것은 삶의 중대한 기회를 상실하는 셈이 된다.


## 어른 세대의
## 시선으로 규율되다


그러나 대학부에 진입하는 건 단지 시작일 뿐이다. 졸업과 함께 취업이라는 관문을 통과하지 못하면 청년부에 순조롭게 진입하지 못한다. 물론 대형교회에서 대학부의 일원으로 있다는 것만으로도 취업에 훨씬 유리하다. 다른 이들보다 공식·비공식 정보를 더 많이 얻을 수 있고, 나아가 부모들 간의 연고나 교회에서 형성된 세대 간 연고가 교회 청년들에게 무엇보다도 유용한 특혜가 될 수 있기 때문이다.

문제는 그런 정보와 특혜를 대학부 회원 모두가 누릴 수 있는 것은 아니라는 데 있다. 그곳 나름의 평가 기준에서 좋은 성적을 내는 이들에게만 그 기회가 더 많이 주어진다. '교회 오빠'나 '교회 누나' 같은 말들 속에 함축된 외모, 옷차림새, 행동거지, 태도 등이 그런 규율의 준거들이다.

물론 여기에는 연애도 포함된다. 많은 대형교회 청년들

은 자발적으로 그 교회의 연애에 관한 규범 질서에 순응하는 선택을 한다.♦ 그것은 그들이 오랫동안 그렇게 배운 탓이기도 하지만, 또한 합리적 계산도 한몫한다. 교회가 나눠주는 종교적 축복을 더 많이 받는 이는 교회 공동체에 속한 이로서 더 많은 자긍심을 갖게 된다. 또한 교회가 만들어내는 세속적인 축복의 기회를 더 많이 누릴 가능성이 크다.

가령, 명문대학에 다니는 한 여성이 남자 친구와 헤어졌다. 그 이유를 그녀는 엄마의 반대 때문이라고 말했다. 하지만 사실이 아니었다. 엄마는 딸이 연애하고 있다는 사실조차 몰랐다. 진짜 이유는 엄마가 반대할 것이라고 '그녀가 생각'했던 데 있다. 더 흥미로운 것은, 여기서 '엄마'는 그녀의 친모가 아니라 교회의 엄마 또래 여성들을 총칭하는 집합명사라는 점이다. 즉 그녀가 상상한 '엄마'는 그 교회 대학부 남자들의 '엄마들'이다. 그들은 이 여성의 상상 속의 '잠재적 시어머니'였다. 요컨대 그녀는 상상 속 시어머니들의 시선을 의식하며 자신의 연애 행위를 규율하고 있었던 것이다. 상상 속 시어머니들에게 자신이 '헤픈 여자'가 아니라 '순정녀'임을 드러내려는 것이었다.

---

♦ 이와 관련해서 개신교 연애 담론이 개신교적 주체화 담론으로 작동하는 것에 관한 흥미로운 연구가 최근 석사학위 논문으로 제출되었다. 은영준, 〈'개신교 연애 담론'과 개신교적 주체의 구성―청년 개신교 신자와의 심층 인터뷰를 중심으로〉(연세대학교 커뮤니케이션대학원 미디어문화연구 석사학위 논문, 2019) 참조.

이것은 나눠줄 자원이 넘치는 몇몇 대형교회에서 일단의 대학생들이 어떻게 어른 세대의 시선을 내면화하는 행위를 자신의 몸에 익히고 있는지를 보여준다. 그리고 이 과정에서 교회 어른 세대의 보수주의가 대학생들에게 전수되곤 한다.

한편 수가 매우 적었던 시절부터 대학생들은 교회에서 많은 활동을 도맡아야 했다. 다른 종교기관들에 비해 개신교 교회는 매우 많은 섬김노동의 자원자가 필요하다. 그중 많은 부분은 대학생들의 몫이다. 대학생이 다수를 차지하게 되어도 사정은 그리 달라지지 않는다. 다만 이제 많은 활동에 적극 참여하는 이와 그렇지 못한 이가 나뉘고, 그것은 대학부원으로서 훌륭한 신앙인인지 아닌지를 가르는 척도가 된다.

교회학교 교사, 교회 청소, 성가대, 각종 봉사 부서, 국내외의 선교 프로그램들에서 대학생은 없어서는 안 될 섬김노동 자원자다. 선교 프로그램에는 단기선교도 포함된다. 단기선교란 대개 방학 기간에 3주 정도 진행되는 해외 봉사활동을 의미하는데, 그 비용이 적지 않을 뿐 아니라, 그동안 다른 일을 할 수 없다. 더욱이 사전 교육이 2개월 안팎으로 진행된다. 그러니 신앙심이 투철하더라도, 학비를 벌기 위해 '알바'를 몇 탕씩 뛰며 좀 더 좋은 조건의 일자리를 위해 항시 스마트폰의 연락망 안에 있어야 하는 학생들 대부분은 이 프로그램에 의해 걸러진다. 요컨대 단기선교 프로그램이 요구하는 이타적 신앙심은 그런 걱정에서 자유로운 중상위계층 친화적 성격을 지닌다.◆

# 청년부와 결혼시장

한편 청년부는 엄청난 결혼시장이다. 특히 몇몇 대형교회 청년부는 우리 사회 어느 곳보다도 '물 좋은' 시장이다. 이른바 '적령기'♦♦의 여자들과 남자들이 넘쳐난다. 명문대 학생만 들어간다는 대학부라는 관문을 통과해서 들어간 대형교회 청년부에는 가문 좋고 유능하며 좋은 직장에 다니는 이들로 가득하다.

1997년 외환 위기와 2008년 금융 위기를 거치면서 한국 사회의 30대 비혼율은 2010년을 기준으로 20.4%나 된다. 이는 1980년대에 비해 무려 11배나 상승한 수치다. 여기에 40대까지 포함하면(이혼자나 사별자를 제외하더라도) 그 수치는 훨씬 높아진다. 연애, 결혼, 출산을 포기한다는 뜻의 '삼포세대'라

---

♦ 교회의 섬김노동 담론이 교회 청년들에게 어떤 계층적 갈등을 낳고 있는지에 대해서는 다음 논문을 참조. 노희영, 〈한국교회의 섬김문화와 노동소외─청년 창의·예술노동자에 대한 심층 인터뷰를 중심으로〉(연세대학교 커뮤니케이션대학원 미디어문화연구 석사학위 논문, 2019). 교회 청년들의 단기선교 프로그램에 대한 인류학적 연구 참조. 손하은, 〈종교생활에서의 자아 연출─청년 기독교인의 단기선교 경험을 중심으로〉(연세대학교 대학원 문화인류학과 석사학위 논문, 2019).

♦♦ 비혼을 기혼보다 선호하는 이들이 훨씬 많은 상황에서 결혼을 위한 '적령기'라는 표현은 큰 의미가 없을 수 있다. 그러나 한국 개신교회에서는 사정이 좀 다르다. 결혼은 선택이 아니라 필수라는 생각이 신앙과 긴밀히 결합되어 소통되고 있기 때문이다. 그런 점에서 '결혼 적령기'라는 표현은 한국 개신교회 안에서는 여전히 유효하다.

는 말이 있는 것처럼, 30~40대 비혼자들의 상당수는 어려운 경제 여건을 감안하여 자발적으로 비혼을 선택해야 했던 이들이다.

그런데 이런 사정은 교회에서는 좀 다르다. 앞서 말한 것처럼 강남권에 소재한 많은 대형교회들의 경우 유소년부에서 청소년부, 그리고 대학부와 청년부에 이르기까지 중하위계층의 유소년, 청소년, 청년들이 교회를 속속 이탈했다. 태어나면서부터 교인이었던 한 대형교회를 중학교 2학년 때에 떠났던 한 청년을 인터뷰했는데, 그는 자신이 교회를 떠난 것은 예배를 마치고 친구들과 함께 고가의 식당에서 점심 식사를 할 수 없는 것에 자괴감을 느낀 탓이라고 말했다. 친구들은 매주 패밀리레스토랑에서 식사를 했는데, 그는 그렇게 값비싼 식사를 할 만큼 용돈이 없었던 것이다. 이런 사례는 교회의 일상화된 친구 관계 행위들 속에 일종의 계층적 필터링 현상이 일어나고 있음을 뜻한다.

일부 강남권 대형교회 청년부는 이와 같이 몇 단계 필터링 과정을 통과하면서 결혼 적령기에 진입하게 된 연령별 네트워크다. 교회 담론에서 결혼은 신앙의 성장 과정에 필수적인 요목처럼 이해되고 있다. 가톨릭처럼 독신의 사제가 모든 종교권력을 장악하고 있는 것과 달리, 개신교에서 비혼자는 목사 안수를 받는 것조차 거의 불가능하다. 결혼은 그리스도와 교회 간의 관계를 삶 속에서 체험하는 신이 준 기회로 해석되고, 비혼자는 그러한 성찰 기회를 갖지도 못했을 뿐 아니라 위험한 실수를 범할 가능성이 높은 자로 간주되기 때문이다.

개신교회에서 남자와 여자는 결혼이라는 가족 네트워크와 연관해 다음과 같이 서술된다. 남자와 여자의 관계는 그리스도와 교회의 관계와 유비적이다. 요컨대 여자는 교회가 그리스도에게 하듯 남자에게 복종하고, 남자는 그리스도가 교회를 위해 목숨을 바친 것처럼 여자를 위해 희생을 감수하며 살아가는 것을 이상으로 하는 결혼관으로 남자와 여자 신자를 규율한다. 결혼을 지향하는 삶을 살아감으로써 신자는 그리스도와 교회의 관계에 대한 신의 계시를 더 잘 이해할 수 있게 된다는 것이다.

이렇게 계층적 필터링을 거쳐서 결혼한 교회 청년들은 자녀를 낳아 신앙제도 속에서 양육하는 규범 질서에 따르도록 요구받는다. 이런 맥락에서 최근 급부상하는 여러 대형교회들은 '유아세례'를 중요한 종교 의례로 발전시켰다. 유아세례를 위한 부모의 사전 교육과 전 교인의 축하를 받는 특별한 의례를 통해, 부모와 아이는 수만 명에 이르는 교회 신자들 모두에게 인지된다. 내가 주일예배에 참관했던 모 교회에서는 매주 그런 의례가 수행되는데, 부모와 아이는 하나하나 거대한 스크린에 클로즈업되고, 예배 중 교회당 전체를 돌며 전 교인의 축하를 받는다. 흥미로운 것은, 그날 유아세례 대상자인 8명의 유아 중 7명의 부모는 교회 무대에 또 다른 자녀와 함께 올랐다. 둘 이상의 자녀를 둔 그들은 전 교인에게 주목받을 기회를 두 번 이상 누린 것이다.

2017년 통계청이 발표한 '신혼부부통계'에 따르면 결혼한 지 5년 이하 부부들의 출생아 수는 0.78명이다. 특히 여기서 맞벌이 부부와 무주택 부부의 경우는 더 낮아서, 각각 0.70명과 0.73명이다. 외벌이 부부와 유주택 부부의 경우에도 겨우 0.86명과 0.85명에 지나지 않는다. 반면 앞에서 언급한 교회의 유아세례를 받은 아이의 부모 중 88%(8명 중 7명 유아의 부모의 비율)가 최소 2명 이상의 아이를 가졌다는 것은 평균보다 훨씬 높은 수치다. 즉 이 교회의 신자 중 유아세례를 받으면서 교회의 인지망에 더 깊게 포섭될 수 있는 이가 되려면 그만큼 경제적 기반을 갖추어야 한다. 그것은 신앙적 부모 되기 과정에서도 경제적 필터링이 작동한다는 것을 뜻한다.

교회 제도의 관행에 따르면 결혼하지 않으면 대개 장년부에 속할 수 없다. 장년부는 몇몇 예외를 제외하면 거의 기혼자들의 모임이다. 그리고 대개의 경우 장년부에 속해야 집사, 안수집사, 권사, 장로로 이어지는, 일종의 신앙제도상의 신분 상승이 가능하다. 그래야 신자는 교회라는 인맥 공장의 중심부에 다가갈 기회를 얻는다. 여기에 자녀들을 낳고 유아세례를 받는 기회를 갖는 것은 교회 공동체의 중심부에 다가가는 또 다른 조건이다.

교회라는 인맥 공장의 핵심에 접근하는 것은 그의 사회적 성공 가능성을 높이는 것과 깊은 연관성이 있다. 즉 교회적 신분 상승과 사회적 신분 상승은 서로 밀접한 상응 관계를 갖는다. 이는 사회적 성공을 신앙적으로 정당화하는 종교적 기

어플리케이션 '크리스천 데이트'(왼쪽).
주님의교회가 주관하는 결혼매칭학교 광고 포스터(오른쪽).

제가 잘 작용하고 있음을 뜻한다. 적어도 그런 교회의 신자들의 경우에는 말이다. 그리고 교회에서 신자들의 결혼은 교회적이고 사회적인 신분 상승을 위한 정치적 행위의 성격을 갖는다. 개신교 교인들의 결혼은 공동체가 권장하는 일이기도 하거니와 당사자인 개개인에게도 매우 유리한 선택이다. 그런 점에서 교회에서 '비'혼자의 매우 높은 비율의 다수가 '미'혼자다. 즉 결혼을 포기한 자가 아니라 결혼을 위한 노력을 계속하고 있는 자다.

　그런데 결혼을 아무리 강조해도 미혼율을 줄이기는 쉽지 않다. 30대가 되면 사랑의 열정만으로 결혼을 감수할 수 없을 만큼 현실적 조건들이 까다로워지기도 하거니와, 교회의 성비 불균형이 너무 심한 것도 문제가 된다. 남성에 비해 여성이 '6 대 4'의 비율, 혹은 그 이상으로 많다. 이것은 미혼 여성 청년들이 교회를 떠나는 이유가 될 수도 있기 때문에, 일부 대형 교회는 이들이 교회를 떠나지 않도록 청년부와 장년부 사이에 또 하나의 예외적 연령 조직(30~40대 미혼자들)인 싱글 공동체를 만들기도 했다.

이 모임을 중심으로 연애 특강이 열리고 남녀 간의 스킨십을 늘리는 프로그램들이 진행된다. 나아가 성비 불균형으로 인한 한계를 돌파하기 위해 타 교회 청년들과의 만남도 주선한다. 교회 간 미혼 청년들의 맞선 혹은 단체 미팅을 주선하는 경우가 적지 않다. 나아가 이 기능을 전문으로 하는 결혼 매칭 기업들과 결혼 매칭 어플리케이션 제작 회사들이 등장했다.

## 부모 세대의 가치에
## 잘 순응하는 청년들

기독교의 비합리성과 비과학성에 상처받고 목사들의 무식함과 나쁜 행실에 실망한 많은 청년들이 개신교 교회를 떠나고 있고, 또 새로 개신교로 유입되는 이들도 현저히 줄었다. 한국 개신교 가운데 두 번째로 큰 교파이자 가장 부유한 교파인 대한예수교장로회 통합파의 조사에 따르면, 전체 교인 대비 5.8%만이 청년층이다. 이것을 전체 개신교로 확장해봐도 큰

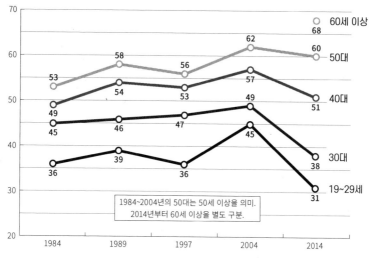

연령별 종교인 비율 (단위: %)

1984~2004년의 50대는 50세 이상을 의미.
2014년부터 60세 이상을 별도 구분.

2015년 한국갤럽의 〈한국인의 종교〉에서 발췌.

차이는 없을 것 같다. 2015년 한 종교 인구 조사에 의하면, 연령별 개신교인 구성에서 20대는 유소년과 청소년을 빼면 가장 적은 연령층이고 현재 급속히 감소하고 있다. 그다음으로 적은 연령대가 30대다.

그럼에도 일부 대형교회에서 대학부와 청년부는 별로 줄지 않았고 심지어 늘기까지 했다. 청년층을 유인할 여러 장치가 있기 때문이다. 중상위계층의 많은 청년들이 교회 활동에 적극적인 교회들은, 그 안에 인맥 만들기에 효과적인 장이 잘 형성되어 있다. 그리고 이런 교회들의 대학부와 청년부 구성원들은 부모 세대와의 관계가 비교적 원만하다. 그것은 부모 세대의 많은 이들이 이른바 교양 있고 합리적인 성향을 보이는 덕이기도 하다. 웰빙 신앙이 잘 정착된 교회에서 청년들은 더 잘 적응한다. 하지만 동시에 부모가 자녀에게 줄 수 있는 자원이 많아서 청년층이 교회 어른들인 부모 세대의 시선에 스스로를 규율하기 때문에 세대 간 관계가 원만하다는 점도 무시할 수 없다.

이런 현상은 후발대형교회 성격이 강한 곳에 속한 청년들의 '사회적 착함'과 깊은 연관성이 있는 것으로 보인다. 이때 착함은 부모 세대의 가치에 잘 순응하는 태도와 관련이 있다. 앞 장들에서 보았듯이 오늘날 교양 있고 합리적이며 배려심 많은 성향과 물적 자원의 풍요는 서로 상응하고 있고, 그런 상호 연관성이 가장 잘 드러나는 장이 바로 후발대형교회 성격이 강한 교회들이다. 한데 빠르게 신자유주의의 야만성에 더 많이 노출된 한국 사회에서 청년층이 독자적 능력만으로 생존하기가 여간 어렵지 않다는 점, 이를 잘 아는 청년들이 대형교회에서 어른들의 시선에 맞게 스스로를 규율하고 있다는 점, 이것이 바로 교회 청년들의 사회적 착함의 한 이유일 수도 있는 것이다.

하여 일부 대형교회에서 웰빙보수주의는 청년층에게 세습되고 있다. 이것이 그들의 웰빙 성향이 좌파보다는 우파 성향을 지닐 가능성이 큰 이유다.

# 13장

# 선교의 웰빙보수주의화, 그 가능성과 한계

## '공격적 해외 선교',
## 제국적 낭만주의의 끝자락

1990년대 한국 교회에는 해외 선교 열풍이 불기 시작했다. 초고속으로 성장하던 한국 개신교의 교세가 급격하게 꺾이기 시작하던 무렵이다. 그런데 1989년 해외여행 자유화 조치가 발효되자, 그 이전까지 특별한 사람들에게나 익숙한 말이었던 '해외'라는 말이 이제 국민 대다수의 일상적 감각 속에 다가가기 시작했다.♦ 그리고 이것은 개신교 신자들에게도 새로운 상상력으로 다가왔다. 복음 전파의 비전이 국내에서 '해외'로 확장되기 시작한 것이다. 이렇게 해외여행 자유화 조치로 인해, 개신교 신자들에게 우연히 발견된 '해외'라는 상상력이 역성장의 위기에 대한 새로운 출구로서 선택되었다.

그 이전에도 교단이나 국내외 선교전문단체를 통한 '파송선교사'가 소수 있었으나, 더 많은 이들이 국내의 복음주의적 선교전문단체들을 통해 선교사로 나갔다. 해외 출국이 여의치 않은 상황에서 해외 취업이나 유학 등 다중직 선교사(회사원이자 선교사 혹은 유학생이자 선교사 같은)들이 세계 곳곳으로 나가서 자비로 선교활동비를 충당하며 비공식 선교사로 포교활동에 나섰다.

그때까지 대부분의 교회는 해외 선교에 별다른 관심이 없었다. 심지어 교회와 선교전문단체는 서로 반목하기도 했고 심지어 일부 선교단체가 교회에 의해 이단시되기도 했다. 청년들이 선교사가 되기 위한 첫 단계는 복음주의권 단체들로부터 강도 높은 훈련을 받는 것이었고, 다음 단계는 후원자를 찾는 것이었다. 이때 예비 선교사들이 할 수 있는 선택은 해외 선교기관들의 선교펀드나 일부 미국 교회의 선교후원금을 받는 것이었다. 국내의 교회들은 해외 선교에 거의 관심이 없었던 탓에 기금을 따로 만들지 않았다. 아무튼 이런 선교 후원처

---

♦ 해외여행 자유화 조치가 시행된 1989년 1월 1일 이전에는 원칙적으로 모든 해외여행이 금지되었다. 1983년부터 전면 제한이 부분 제한으로 바뀌기 시작했는데, 그해에는 200만 원의 관광예치금을 내고 까다로운 신원 조회와 반공연맹(현 자유총연맹)이 주관하는 소양교육을 이수한 50세 이상 국민에 한해 단수여권(1회용 여권)이 발급되었다. 그리고 1987, 1988, 1989년까지 매년 연령 제한이 조금씩 낮아지다가 1989년에 완전 허용되었다. 1983년 당시 9급 공무원 초봉이 14만 9,000원, 5급 공무원 사무관 연봉이 29만 원, 대기업 초봉이 20~30만 원 정도였으니, 200만 원은 당시 대기업 초봉의 10배 가까운 금액이다.

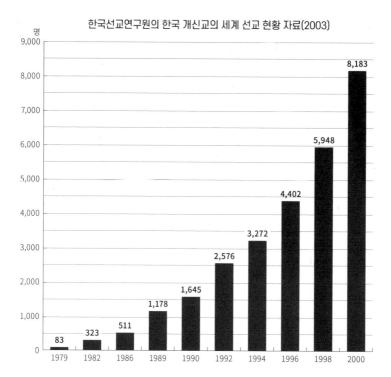

한국선교연구원의 한국 개신교의 세계 선교 현황 자료(2003)

명

| 연도 | 인원 |
|------|------|
| 1979 | 83 |
| 1982 | 323 |
| 1986 | 511 |
| 1989 | 1,178 |
| 1990 | 1,645 |
| 1992 | 2,576 |
| 1994 | 3,272 |
| 1996 | 4,402 |
| 1998 | 5,948 |
| 2000 | 8,183 |

이 통계에 개별 교회의 선교사는 빠져 있다. 한데 2000년대에 오면
개별 교회 파송선교사의 수가 적잖이 늘었다.

들과 연결되는 일은 바늘구멍 같았다. 해서 기회를 얻지 못한
일부는 외국에서 근무할 수 있는 회사에 취업하여 '다중직 선
교사'로 나서곤 했다. 그러나 예비 선교사들의 대부분은 선교
사가 되지 못한 채, 국내에 머물면서 교회에 비판적인 열혈 신
자로 남아 있게 된다. 한데 그들이 받은 훈련은 성서 독서나
전도 등에서 신학대학의 그것보다 훨씬 강도가 높았다. 이것

| 순위 | 국가 | 파송선교사 수 |
|------|------|---------------|
| 1 | 미국 | 46,381 |
| 2 | 한국 | 21,000 |
| 3 | 영국 | 5,666 |
| 4 | 캐나다 | 5,337 |
| 5 | 독일 | 3,228 |
| 6 | 오스트레일리아 | 2,019 |
| 7 | 브라질 | 1,912 |
| 8 | 남아프리카공화국 | 1,465 |
| 9 | 뉴질랜드 | 1,275 |
| 10 | 핀란드 | 1,260 |

출처: 로잔국제복음화운동(2007~2010)

은 교회 안에서 선교단체 출신자와 목회자 간에 갈등을 낳는 요인이 되었다. 해서 선교단체와 교회는 1990년 이전까지는 대체로 매우 껄끄러운 관계에 있었다.

그런데 1990년대 들어 사정이 달라졌다. 앞에서 말한 것처럼 해외여행 자유화 조치와 함께 '해외'가 복음 전파의 새로운 영토로 부상한 것이다. 수많은 개별 교회가 선교사를 파송하기 시작했고, 선교전문기관 파송선교사에게도 교회들의 후원이 답지했다. 이런 급격한 증가 추세는 2000년대까지 이어져, 2006년 선교사 파송 순위가 미국 다음인 세계 2위를 기록하기도 했다. 하지만 2007년 이후 증가율이 현저히 줄기 시작했고, 2012년 이후 감소 추세에 있다.

그 이유는 국내에서의 성장 정체를 세계로 향한 팽창주의로 만회하려는 성장지상주의가 점점 교회에서 설득력을 잃어가고 있었기 때문이다. 피선교국이던 한국이 세계적인 선교사 파송국이 되었다는 자긍심은 피선교 지역 주민들을 포함해 전 세계의 비판과 조롱의 대상이 되고 있다는 사실을 몰랐을 때만 유지될 수 있었다. 2004년 이라크에서 선교활동을 하던 김선일 씨가 무장단체 '알 타우히드 왈 지하드'(유일신과 성전)에 피랍되어 참수된 사건과, 2007년 분당샘물교회의 단기 선교팀이 아프가니스탄에서 탈레반에 납치되어 두 명이 피살되고 나머지 21명이 42일 만에 송환된 사건을 계기로, 해외 선교에 관한 낭만적 자부심이 무너지기 시작했다. 이후 언어 능력과 독서 능력이 뛰어난, 게다가 비판적인 주권신자들이 공격적 해외 선교에 얽힌 문제점들을 인지하게 되었다. 여전히 선교전문기구들과 여러 목사들이 세계 복음화의 사명을 열렬히 부르짖고 '미전도 종족 입양'이라는 좀 더 체계적이고 조직적인 새로운 어젠다를 내걸지만, 이제 해외 선교라는 의제 자체만으로 교회 신자들을 동원하는 것은 쉽지 않다.


## 구호·개발, 전형적인 웰빙보수주의 선교


그 무렵 해외여행 자유화 시대에 배낭여행 붐을 일으켰던 한비야 씨가 기독교계의 세계 최대 구호·개발 NGO인 월드비전의 긴급구호팀장으로 활동하고 있다는 소문이 널리 퍼졌다. 공격적 해외 선교의 로망이 무너지자, 한비야 씨를 필두로 하는 새로운 해외 선교의 활약상이 널리 확산되었다. 1950년 한국전쟁 이후 세계 최빈국의 하나로 원조 대상이었던 한국이 이제 원조의 주체가 되었다는 사실만으로도 가슴 뿌듯한 일이었다.

더구나 정부의 해외 원조 전담 기관인 한국국제협력단 KOICA의 분석에 따르면, 세계 여러 지역에서 구호·개발 NGO로 활동하는 한국 단체 가운데 기독교계가 40% 이상이나 되고, 활동력이나 영향력 등에서도 가장 뛰어난 것으로 평가되고 있다. 한국 구호·개발 NGO들의 예산 총액은 국내 최대 모금·배분 기구인 사회복지공동모금회 예산 총액의 4.3배에 달하는데, 이는 기독교계 구호·개발 NGO들의 예산 총액이 사회복지공동모금회의 2~3배쯤 될 것임을 시사한다. 나아가 이는 전 세계 기독교계 구호·개발 NGO 가운데서도 최대 수준이다. 선교사 파송 순위야 개신교 신자들 사이에서나 장한 일로 통하겠지만, 해외 원조 분야에서 최고라는 것은 한국 사회 전체를 향해 우쭐해도 될 만하다.

하여 이 구호·개발 차원의 선교가 공격적 선교를 대체하는 새로운 선교 항목으로 떠올랐다. 종교 교리를 전파하는 것이 아니라 종교적 가르침에 기반을 둔 나눔을 실천하는, 뿐만 아니라 나눔의 대상에 대해서도 그들의 신념에 상처를 주지 않고 나아가 그들의 자생력을 북돋고 그 인프라를 구축해주는 방식의 선교다.

확실히 구호·개발 선교는 공격적 선교보다 진화한 것임에 틀림없다. 적어도 주권신자들은 그렇게 보았다. 그들은 더이상 교회의 자기 충족적 비용을 위해 자신들의 기부금 전체가 사용되는 것을 원하지 않았다. 하여 교회가 여전히 나눔의 도를 실천하지 않는 상황에서 그들 중 다수는 교회에만 기부하는 게 아니라 여러 가치 있는 영역들로 나누어 기부를 실행했다.

그런 점에서 떠돌던 주권신자들을 정착시킴으로써 대형교회가 되는 데 중요한 요소 중 하나는 구호·개발 차원의 선교를 교회 활동의 하나로 수용하는 것이다. 물론 이 프로젝트는 개별 교회가 모든 것을 주도할 수 있는 것이 아니다. 세계 곳곳에서 원조가 필요한 사회를 찾아내고 그 사회에서 책임 있는 파트너를 찾아 그들에게 전달하며 그 과정과 결과를 수집·분석하여 지속적으로 새로운 구호·개발 전략을 기획할수 있는 단체여야 한다. 또한 이런 활동은 개별 교회의 기부금만으로 할 수 있는 일이 아니다. 많은 기부자들로부터 굉장히큰 원조금을 만들어내야 한다. 하여 개별 교회는 전문적인 구호·개발 NGO와 연합하여 다양한 프로그램과 캠페인을 통해주권신자들을 교회 활동에 동원하려 했다.

동시에 이런 프로그램과 기획들을 통해 교회는 자교회청년들에게 구호·개발 분야의 취업 기회(기독교계 구호·개발 NGO의 직원 수가 1만 명이 넘는다)를, 그리고 해외 유학을 원하는 청소년들에게 대학 입시를 위한 봉사활동의 기회를 제공할 수 있었다. 그런 점에서 구호·개발 선교 프로젝트는 공적 가치와 사적 이해가 '잘 결합된', 가치 소비 시대에 안성맞춤인 종교상품이라고 할 수 있다.

현행의 전 지구적 시스템에 저항하지 않고, 자신의 욕구도 충족시키면서, 동시에 과시적 성과주의보다는 그 질적 가치를 추구하는 종교에 대한 소비가 주권신자들의 신앙 태도로 형성되는 데 구호·개발형 선교가 한몫했다. 즉 전형적인 '웰빙보수주의' 선교였다.


## 아동결연, 주권신자들을 위한
## 맞춤형 선교

이러한 구호·개발 선교 프로젝트 중 가장 많은 대중의 참여를 불러일으킨 것은 아동결연 사업이다. 가난한 제3세계 아동 1인에게 매월 3만 원 정도를 후원하는 것인데, 유명 배우 부부인 차인표·신애라의 활동으로 유명해진 한국컴패션을 포함해 240여 개 단체에 무려 600만 명에 달하는 기부자가 참여하여 전 세계에서 67만 명의 아동을 후원하고 있다. 이 중 개신교 단체와 기부자가 압도적으로 많다.

여기에는 30명의 제3세계 아동과 결연을 맺었다는 차인표·신애라 부부뿐 아니라, 105명과 결연 관계를 맺고 있다는 정애리, 무려 200여 명이나 된다는 선·정혜영 부부 등, 공격적 선교를 지양하고자 하는 많은 유명 연예인 출신 개신교 신자들이 참여하고 있다. 그리고 많은 대형교회들이 아동결연 캠페인을 벌이고 있는데, 2010년대에 가장 주목받고 있는 대형교회인 분당우리교회는 대안적 선교에 주목하여 3,000명의 제3세계 아동과 일대일 결연을 맺기로 한국컴패션과 약정을 맺은 바 있다.

아동결연을 매칭하는 NGO들은 주기적으로 후원 아동의 성장을 체크한 뒤 후원자에게 공지하고, 때로는 서신 교환 및 만남도 주선한다. 나아가 후원 아동의 주변 환경을 변화시키기 위해 해당 지역사회의 개발에도 관여하고 이를 후원자에게 알려주기도 한다. 이러한 사업은 후원의 일회성과 익명성을 지양하고, 개인 후원과 사회 개발의 이분법을 극복하고자 한다는 점에서 다른 선교 형식들보다 한층 진일보한 선교다. 또한 적은 기부 금액으로도 많은 사람이 참여하면 기부 효과가 결코 작지 않다는 생각에 이르게 함으로써 대중성도 지니고 있다.

이러한 프로젝트가 가장 활발하게 이루어지는 곳은 강남·강동·분당 지역의 후발대형교회 성격이 강한 교회들이다. 주권신자들의 기호에 대한 맞춤형 선교의 압박이 더 크기 때문이다. 더욱이 공공 가치를 소비하게 한다는 점에서 웰빙적 선교라고 할 수 있다.

## '자뻑'형 선교

그러나 이러한 구호·개발형 선교는 너무 '진공포장' 되었다. 현지의 고통에서 철저히 차단된 '사치스러운 선교'다. 그럼에도 구호·개발 선교기구들과 교회는 참여를 독려하기 위해 기부자에게 최고의 립서비스를 제공한다. 아동결연자에게 '입양자'라는 칭호를 주고, 후원자의 현지 방문을 '단기선교'로 명명한다. 가벼운 참여를 '부모 되기' 혹은 '선교사 되기'와 연결시키는 과장된 자의식과 결합된 주체는, 현지에서 벌어지는 난감하고 불편한 진실로부터 차단되었을 때만 그 '자뻑'형 착시를 유지할 수 있다.

실제로 구호·개발 사업을 벌이는 NGO들은 현지에서 종교성을 드러내서는 안 된다는 조건으로 정부로부터 재정의 15%에 가까운 지원을 받았다. 이 정부 지원금이 이들 단체의 운영 기금으로 활용됨으로써 참여자들의 기부금 전액이 현지에 전달되는 것이 가능했다.

하지만 현실에서는 점점 기독교계 구호·개발 NGO들의 종교색이 노골화되고 있다. 그 이유 중 하나는 한국 교회들의 후원금이 점점 큰 비중을 차지하게 되었기 때문이다. 주권교인들의 바람을 수용하여 구호·개발 선교에 끼어든 교회들은 구호·개발 선교에 대한 신학적 고민을 치열하게 하지 않았다. 교인들의 바람을 교회에서 흡수하기 위한 전략에 더 몰두했다. 이것은 동시에 주권신자들의 '자뻑형 착시'가 일으키는 주체 효과와 상응 관계에 있다. 앞에서 언급한 것처럼 주권교인들은 '먼 곳'의 수혜자를 타자화함으로써 현장의 복잡한 고민에서 거리를 둔 '깨끗한 선교'의 일원이 될 수 있었고, 그럼으로써 진리의 수행자로서의 자의식이 상처받지 않을 수 있었다. 이것은 현지의 복잡한 정보를 단절시킨 '진공포장 된 선교'를 만드는 구조적 요인 중 하나다.

아동결연 사업도 그 사회의 성장 인프라 구축이라는 사회구조적 요소를 포함한 선교 기획이지만, 사회구조의 문제는 개별 구호·개발 NGO가 담당하기에는 너무 거대한 것이다. 이 문제에 대해 오랫동안 축적된 연구와 활동 기반을 갖고 있는 기독교계 국제 네트워크들을 포함한 여러 국제기구들과 협의하고 연대하는 동시에, 현지 시민사회 및 정치 단체와도 공조하며 진행해야 한다. 이런 거시적 협의와 연대 없이 진행되는 사회 인프라 구축 기획은 성공하기 쉽지 않으며 심지어 위험하기까지 하다.

아동결연 사업 참여자는 그 아동이 겪을 혼란과 갈등에 얽히지 않은 채 자신의 안전한 기부가 성과로 돌아오길 바란다. 그들이 원하는 것은 시시콜콜한 현지 사정이 아니라 자신이 후원하는 아이들이 잘 성장하고 있다는 소식이다. 즉 웰빙보수주의적 주권신자들의 '깨끗한 선교' 욕구는 선교 현지의 사회적 복잡함에 대한 외면과 은폐를 대가로 지불해야 하는 것이다. 그것은 공격적 선교와 마찬가지로 '또 다른 타자화'와 다름없다.

# 14장

# 맺음글

이제 이 책을 마무리하려 한다. 다뤄야 할 것들이 더 많지만, 나의 역량과 허용된 시간은 여기까지다. 향후 숙제를 남기고 일단 여기서 지금까지의 가설적 문제제기를 한국 사회의 변화와 연결시켜 재정리해보려 한다.

이 책에서 내가 말하고자 한 것은 대략 이러하다. 1990년대 중반 이후 한국 사회에서 뿌리 깊게 자리 잡은 보수주의의 전형적 형식에 일련의 변화 조짐이 나타나기 시작했고, '웰빙보수주의'가 이러한 변화 과정에서 보수주의의 새로운 형식으로 빠르게 정착해가고 있다. 당장은 낡은 보수주의가 모든 가용 자원을 총동원하여 최후의 항전을 벌이는 국면이고, 그것을 대체할 새로운 보수주의가 알에서 부화하려고 꿈틀대는 국면이다.

한데 나는 한국 사회에서 이 웰빙보수주의가 부화·성장

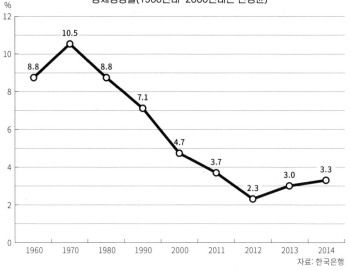

경제성장률(1960년대~2000년대는 연평균)

자료: 한국은행

하게 하는 가장 중요한 매트릭스가 후발대형교회 유형의 교회들이라고 보고 있다. 즉 1990년대 중반 이후, 특히 2000년대 이후 일부 지역에서 집중적으로 급성장하여 대형교회로 발돋움한 교회들이 이 새로운 보수주의 문화가 형성되는 가장 중요한 장소가 되고 있다는 것이다. 요컨대 '웰빙'이라는 문화 현상과 '보수주의'라는 사회정치적 범주가 엮이면서 새로운 문화적 주체가 대두하고 있는데, 그런 주체화 과정이 일어나는 문화적 실천의 장들 가운데 가장 유력한 곳이 바로 후발대형교회 성격이 두드러진 교회들이라는 것이다.

이 교회들이 집중적으로 등장한 지역은 강남·강동·분당 지역, 곧 '강남권'이다. 물론 다른 지역들에도 이런 유형의 교

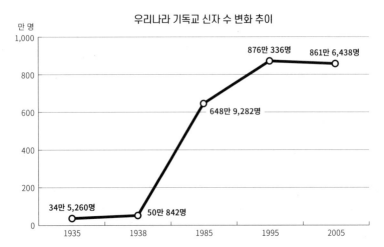

우리나라 기독교 신자 수 변화 추이

만 명

1985년 이후는 대한민국 통계청 인구주택총조사 자료.
1935, 1938년은 손정옥, 〈일제강점기 도시 사회상 연구〉에서 인용함.

회들이 없지는 않다. 하지만 매우 드물다는 점에서 선발대형
교회 현상과는 다르다. 선발대형교회 유형의 종교 현상은 전
국의 도시들에서 일어났지만, 후발대형교회 현상은 압도적으
로 강남권에 집중되어 나타나고 있다.

　이 책의 결론부인 이 장에서는 지금까지 이야기한 웰빙
보수주의적 문화 공간으로서 대형교회에 관한 이야기를 총정
리해보려 한다.

## '1990년대 중반 이후',
## 웰빙보수주의 형성의 시간적 범주

'1990년대 중반'이라는 시간대는 앞에서 언급했듯이 나의 논지에서 매우 중요하다. 1990년대의 중간을 중심으로 그 전후를 살펴보는 것은, 문외한의 눈에는 퍽 흥미롭다. 급성장을 구가하던 한국 경제의 하락 추세가 가장 가파르게 꺾인 시기가 1990년대인데, 이 '추락의 10년' 중 전반기가 갈망해 마지않던 선진국 대열에 진입한 것 같은 '장밋빛 환상'에 부풀어 있던 시기라면, 후반기는 한국전쟁에 버금가는 사회 재앙의 전조가 도처에서 드러나고 급기야 엄청난 재앙의 소용돌이에 휘말려버린 시기다.

교회도 1990년대 전반기에는 성장의 환상에 잔뜩 취해 있었다. '1천만 신자'라는 표현이 일상화되어 마치 사실처럼 받아들여지고 있었다. 유럽의 교회들은 텅 비어 있는데 한국의 교회들은 신자들로 넘쳐난다는 자긍심이 하늘을 찌르고 있었다. 하지만 후반부에 이르면 적자로 결산을 마무리하는 교회들의 아우성이 도처에서 울려 퍼졌다. 실은 전반기에도 교회들의 신음 소리가 없었던 것은 아니다. 단지 주변부에서 그런 소리가 찢어질 듯 울렸지만, 들리지 않았을 뿐이다. 즉 1990년대 초부터 이미 화재경보기가 울리고 있었지만, 담론 지형이 부정적 기조로 바뀐 1990년대 후반부에야 들리기 시작했던 것이다. 그래서 교회에 실망해 이탈한 신자들의 숫자가 후반부 이후 현저히 늘어났다. 목사에 대한 사회적 평가가 급락하기 시작했고 교회를 선망했던 청년들의 시선은 부정적으로 바뀌었다. 하여 '1990년대 중반'을 분기점으로 해서 그 이후의 한국 개신교 현상, 특히 대형교회 현상을 그 이전과는 다른 관점에서 보는 것은 유의미하다는 것이 나의 생각이다.

1990년대는 알다시피 민주화와 소비사회화가 본격화된 시기다. 그때를 30대의 나이로 겪었던 세대가, 두 차례의 베이비붐 세대♦ 중 첫 번째 세대다. 이들은 한국 근대사에서 보릿고개를 겪지 않은 첫 세대이고, 최소한 중등 과정까지 근대적 학교교육의 수혜를 받은 세대다. 또 빠른 경제성장의 대가로 완전 취업의 행운을 누렸던 세대다. 특히 대졸 이상의 학력을 가진 이들은 중상위계층으로 안착하기에 가장 용이했다. 이 세대의 일부가 1990년대에 결혼과 함께 강남과 강동, 분당 등으로 이주하거나 독립 세대로 살게 되었는데, 그 무렵 이곳들의 지대가 급격히 상승했다. 하여 그들은 빠른 속도로 자산이 증식하여, 오늘날 한국 사회의 여러 세대 중 가장 많은 자산을 보유한 세대가 되었다. 당연히 이 세대가 과점한 자산의 중심은 부동산이다. 그리하여 가장 손쉽게 중상위계층 대열에 안착했다.

한편 1990년대에 강남권 30대 고학력 중상위계층은 소비

---

♦ 제1차 베이비붐 세대는 1955~1963년생을 가리키며, 제2차는 1968~1974년생을 말한다.

사회 발전과 함께 빠르게 확장되고 있던 소비문화를 주도한 집단이었다. 그때까지 누구도 경험해보지 못한 이런 변화를 실무자로서 주도한 이들이 바로 이 연령층이었고, 주요 소비자 또한 바로 이들이었다. 이들이 2000년대에 40대가 되었고 2010년대에는 50대가 되었다. 시간의 흐름과 함께 이 세대는 소비사회 한국의 경로를 만들어내는 최종 책임자가 되었다.

나는 이 세대를 기점으로 해서 '웰빙보수주의'라는 문화적 주체가 등장하게 되었다고 본다. 물론 이 세대에는 여전히 낡은 보수주의자, 즉 '극우적 보수주의자'와 산업화 시대의 성장지상주의를 신자유주의적 성장주의와 오버랩시킨 '한국형 성장지상주의적 보수주의자'도 적지 않다. 이를 좀 과하게 정치세력과 연결하면 전자는 박근혜 정권의 중심 세력이고 후자는 MB 정부를 추동한 세력이다. 물론 두 정권의 권력 연합에 공통으로 포함되는 광범위한 대중이 있다. 한데 이런 낡은 보수주의와는 다른 양식의 보수주의가 1990년대 중반 어간부터 빠르게 나타나기 시작했고, 그것이 점차 웰빙보수주의 형태로 구체화되고 있다는 것이다.

여기서 '웰빙'은 일종의 중상위계층적인 고품격 문화 태도라고 할 수 있는데, 하버마스 식으로 표현하면 태생기 웰빙은 '생활세계'와 연관된 현상이었다. 즉 1990년대 중반부터 대두하기 시작한 소비사회적 문화 양식이다. 그리고 그러한 변화를 지칭하는 이름이 지어진 시기는 2000년대 초였다. 웰빙이라는 표현이 한국에 상륙한 것은 2002년 라이센스 여성

한국 사회 보수주의의 세 유형

| 체계 | 성장지상주의 + 보수주의 | → | 이명박 정권 |
|------|----------------------|---|-----------|
|      | 극우주의 + 보수주의     | → | 박근혜 정권 |
| 생활세계 | 웰빙 + 보수주의 | | |

지들을 통해서였다. 이름은 어떤 현상을 다른 것과 구별짓게 하는 시그니처지만, 동시에 그 현상이 향후 흐름에 영향을 미치는 옵션이기도 하다. 즉 웰빙이라는 이름이 붙음으로써 중상위계층의 소비사회적 문화 현상은 일정한 품격을 갖는 라이프스타일처럼 소비되기 시작했다. 그것은 분명 성장지상주의와는 다른 양식이었다.

그런데 이 웰빙이 보수주의적인 것만은 아니다. 그 안에는 산업화 시대의 낡은 보수주의에 대한 쇄신의 기조가 담겨 있다. 쇄신을 어떻게 하느냐에 대한 웰빙 담론의 경로는 크게 진보와 보수로 나눌 수 있다. 가령 진보가 웰빙을 범계층적 현상으로 확산시키기 위해 사회제도까지 바꿔야 한다고 본다면, 보수는 정부의 과도한 개입이 웰빙을 저해한다고 주장한다. 그런 점에서 후자는 '자유주의적'이다. 여기서 잠시 자유주의의 혼란스러운 용례를 정리하자면, 진보가 자유주의를 주장할 때는 지배체제의 숨 막히는 규율 체계에 대한 해체 담론과 연결되어 있는 반면, 보수는 국가가 일정하게 재분배 정책을 펴는 것에 대한 저항의 기조와 관련이 있다.

아무튼 보수와 진보, 이 두 다른 경로는 각기 다른 장을 통해 그러한 라이프스타일을 구현하고 있는데, 주목할 것은 오늘날 한국 사회에서는 '웰빙 보수'가 진보를 압도하고 있다는 점이다. 강남권의 전반적 기조가 보수주의에 더 경도되어 있듯이 말이다. 그것은, 다른 요인들도 있겠지만, 웰빙 보수의 장들이 더 효과적으로 작동하고 있다는 점과 가장 큰 관련이 있을 것이다. 나의 논지는 웰빙 보수의 장들 가운데 가장 큰 영향력을 갖는 것이 후발대형교회 유형의 교회들이라는 데 초점이 있다.

## 후발대형교회,
## 웰빙보수주의 형성의 장소적 범주

1990년대 중반 이후 후발대형교회적 특성이 뚜렷한 대형교회들이 대거 등장했다. 1장에서 이야기했듯이 나는 대형교회를 두 범주로 나누는데, 첫 번째 범주가 한국 사회와 개신교 교세가 빠르게 성장하던 시기에 대형교회로 부상한 교회들을 통해 설명될 수 있다면, 두 번째 범주는 한국 사회와 개신교가 성장의 위기를 겪고 있던 시절에 성장을 거듭한 교회들과 관련이 있다.

바로 이 두 번째 범주의 대형교회들은 새 신자의 유입이 많지 않았음에도 양적 성공을 이룩했다. 그것은 주로 수평이동신자들이 대대적으로 정착한 결과다. 물론 신자들의 수평이동은 1990년대 이전에도 많았다. 알다시피 1950년 전쟁이 발발한 이후 한국 사회는 '거대한 이동의 시대'가 계속되었다. 생존을 위해 이리저리 떠밀려 다녀야 했던 외적 강제 요인이 중요했다. 하지만 그것만은 아니다. 국가는, 그리고 사람들은 이동 자체를 통해 시대성을 해석하기 시작했다. '낡은 것을 버리고 새것으로 바꾸는 것'은 근대 한국 사회에서 장기간 계속된 시대정신이 되었고, 특히 유신체제 이후 그러한 기조는 마치 문화적 유전자처럼 자연스러운 것이 되었다. 일본에서 유래한 '유신維新'이라는 표현 자체가 '낡은 것'을 '새것'으로 바꾼다는 뜻인 것처럼, '이동'하는 것은 정당한 것이고 유리한 것이라는 확신이 널리 퍼졌다. 그 시절 신자들이 자신이 속했던 교회를 떠나 다른 교회로 옮겨 가게 된 가장 흔한 요인들은 이사, 결혼, 취업/이직과 관련이 있었다. 그 밖에 저명한 목사나 은사자를 따라다니는 이들도 적지 않았다.

한데 1990년대 중반 이후 신자들이 교회를 떠나게 되는 새로운 요인이 부상했다. 많은 이들이 교회와 목사에 '실망'하여 교회를 떠나 '떠돌이신자'가 된 것이다. 해서 나는 그러한 이들을 '실망신자disappointed believers'라고 부르는데, 그들 중 일부는 아예 종교를 버렸고, 다른 일부는 타 종교로 옮겨 갔다. 또 어떤 이들은 다양한 종교들의 진리와 전통을 존중하면서 다중종교성multi-religionship을 갖게 되기도 했다. 나는 이들을 '멀티신자multi-believers'라고 부른다. 그러나 훨씬 많은 이들은 한

교회를 떠나서 다른 교회로, 그리고 또 다른 교회로 이동했다. 일반적으로 그들을 지칭하는 용어는 수평이동신자circulating believers다. 그들은 교회에 실망하여 떠돌이신자가 되었지만 재정착할 교회를 찾고자 애썼고 결국 떠돌이의 신앙생활을 정리할 교회를 찾아냈다. 바로 이런 떠돌이신자들을 대거 유치하는 데 성공하여 대형교회의 대열에 진입한 교회들을 분석하면서 내가 규정한 개념이 '후발대형교회'라는 대형교회의 한 유형이다. 이 책은 이렇게 1990년대 중반 이후 수평이동신자들이 대거 유입되어 대형교회가 된 교회들을 집중적으로 연구, 조사하면서 도출해낸 나의 가설적 추정이다.

주목할 것은 1990년대 중반 이후의 실망신자들 중에는 교회에 열정적으로 헌신하고 성서와 교회에 대해 꽤 많이 아는 이들이 다수를 점하고 있다는 것이다. 그리고 그들 중 다수는 재정착할 곳을 찾아 유랑하는 중에 많은 교회들과 목사들에 대해, 심지어는 신학에 대해 더 깊은 고민과 성찰 과정을 거쳤다. 즉 수평이동신자들은 교회 이탈 및 유랑, 재정착 과정에서 '더 성숙한' 신자가 되었다.

여기서 또 하나 주목할 것은 실망신자들이 대대적으로 재정착하여 대형교회로 부상한 교회들이 강남권 지역에 집중되었다는 사실이다. 이는 재정착한 이들이 사회적으로도 자산 능력이나 교육수준이 매우 높은 이들이라는 것을 뜻한다. 요컨대 그들은 종교적으로든, 사회적으로든 자존성이 높은 이들이었다. 그런 이들을 대대적으로 재정착시킴으로써 대형교회의 대열에 진입한 교회들은 새 신자의 유입으로 대형교회가 된 교회들과 차이가 나지 않을 수 없다. 그런 차이에 주목해서 대형교회를 분류한 나의 용어가 바로 선발대형교회와 후발대형교회다. 선발과 후발이라는 시간 요소를 용어에 넣은 것은, 앞에서 보았듯이, 시간의 변수가 다른 유형의 대형교회들을 탄생하게 하는 데 중요하다고 보았기 때문이다. 물론 1990년대 중반 이후에도 선발대형교회 성격이 강한 대형교회가 탄생하기도 했고, 반면 그 이전에 후발대형교회 성격이 강한 교회가 나타나기도 했다. 어떤 경우에는 목사의 세대교체 등의 요소와 결합되면서 선발대형교회 성격이 강한 교회가 후발대형교회 유형의 교회로 전환되기도 했고, 또 역진했다고 보이는 경우도 있다.

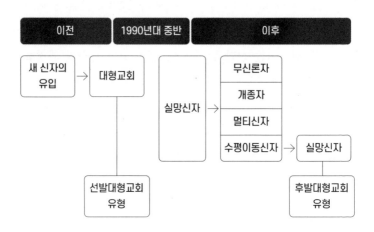

아무튼 1990년대 중반 이후, 정박할 곳을 찾은 수평이동

신자들은 '그 교회'에서 현재까지 적어도 20~30년, 혹은 그 이상 주 1회 이상의 공식 모임을 같이했다. 그 밖에 교회를 매개로 하는 수많은 비공식 모임을 통해 삶이 서로 엮였다. 수천 수만의 사람들이 장기간 이런 공식·비공식 관계를 통해 경험과 기억이 얽히면서 서로 간에 친밀성이 깊어진다. 또한 자녀들의 '절친'의 부모로 얽히고, 부모의 장례로 얽힌다. 해서 삶의 위기에 놓일 때 신자들은 도움을 나누는 사이가 되고, 사업을 하거나 취업을 할 때, 혹은 자녀를 유학 보낼 때에도 도움을 주고받는 사이가 된다. 나아가 자녀들의 혼인 관계로도 얽힌다. 요컨대 대형교회는 빠른 도시화로 인해 가족과 이웃의 친밀성이 치명적으로 해체되고 있는 시기에 다른 어느 곳과도 비교할 수 없을 만큼 거대한 친밀성의 공간이 되었고 또 거대한 인맥 공장의 역할을 하게 되었다. 하여 후발대형교회라는 문화적 장은, 앞 장에서 보았듯이, 웰빙보수주의 형성에 가장 중요한 장소적 범주라고 할 수 있다.

## '주권신자', 웰빙보수주의 형성의 주체

새 신자들의 대대적 유입이 성장의 중요한 요소였던 선발대형교회 유형의 교회들에서는 담임목사의 '카리스마적 리더십'이 중요했다. 카리스마적 리더십이란 교회의 모든 가용 자원을 좌지우지할 수 있는 능력을 말한다. 여기서는 담임목사에게 순종하고 충성하는 것이 신자 됨의 중요한 자격이었다. 하여 담임목사의 카리스마적 리더십 아래 모든 신자들은 열정적으로 규모를 키우는 데 동원되었다.

여기서 잠시 곁가지로 나가면, 최근 논란이 되는 담임목사의 혈통 세습은 주로 카리스마적 리더십으로 교회를 장기간 장악했던 이들이 은퇴하는 시기에 집중되고 있음을 유념해야 한다. 그 시기는 대략 2000년 전후였다. 하지만 그것이 2010년대 혹은 2020년대로까지 지연되기도 한다. 그것은 '원로목사 제도'와 깊은 관련이 있다. '법적인 은퇴' 이후에도 목회 기간을 사실상 연장하는 장치로 이 제도가 작동되기 때문이다.♦ 목사들 사이에 널리 회자되는 불문율에 의하면 목사는 퇴임하거나 사임하면 그 교회를 떠나야 하고 심지어 그 교회 신자들과의 만남도 되도록 피해야 한다. 후임자의 목회에 압박이 될 수 있기 때문이다. 그런데 원로목사로 위임되면 그는 그 교회를 떠나지 않고 교회 원로로서 대우받을 수 있다. 많은

---

♦ 원로목사는 각 교단마다 다르지만 대략 20년 이상 한 교회에서 목회한 뒤 은퇴한 이를 교회의 당회에서 결의하여 추대하는 편법적 직위다. 원로목사로 추대된 이는 은퇴 전별금 외에, 일정 금액의 월급과 사무실·자동차·사택도 제공받는다. 하지만 무엇보다 중요한 것은, 그런 형식적인 대우를 받는 데 그치지 않고, 담임목사 위의 목사직을 수행하는 경우가 많다는 것이다. 20년 이상 한 교회에서 사역하고 그 교회의 당회가 추대한 이는 새로 부임한 담임목사보다 훨씬 강력한 힘을 갖고 있기 때문이다. 하여 원로목사는 사실상 담임목사직을 연장하는 효과가 있다.

대형교회와 웰빙보수주의

경우 이 제도는 담임목사의 임기를 사실상 연장하는 장치로 활용된다. 문제는 그렇게 독점적 권력을 연장하던 이가 더 이상 재임 시기를 늦출 수 없게 되는 때에 일어난다. 생물학적인 생존의 시간을 마무리해야 하는 시간이 오면 혈통 세습의 절차가 본격화되는 것이다.

아무튼 이른바 '성공한 목사'들이 자신의 직위를 아들 혹은 사위에게 승계시키려는 욕구를 갖고 있더라도, 당연한 일이지만, 그렇게 추진할 능력을 갖추지 않으면 불가능하다. '그 능력'의 종교적 표현이 바로 카리스마적 리더십이다. 그러므로 담임목사의 혈통 세습 문제는 선발대형교회 유형이 퇴조하면서 현저히 줄어들 것으로 예상된다. 그러나 교회를 둘러싼 권력의 독과점과 대물림은 줄어들기는커녕 점점 더 심화되고 있는 것으로 보인다. 그러므로 담임목사의 혈통 세습에 국한하기보다는, 파워엘리트 신자들의 권력 대물림 문제로까지 관심을 확장해야 한다. 즉 요즘 개신교계를 주도하고 있는 후발대형교회 유형의 교회들에서 벌어지는 불공정한 권력 대물림 현상, 그것이 더욱 중요한 문제라는 얘기다.

한편, 앞에서 보았듯이, 자존성 강한 떠돌이신자들이 특정 교회들에 정착했다. 그 과정에서 그들은 여러 교회의 설교를 검토하고, 프로그램이나 이미지도 검색해보았다. 즉 신중한 소비자처럼 교회들을 여러 면에서 검토한 뒤에 정착 여부를 결정했다. 그런데 이렇게 성장한 교회들의 대부분이 강남권에 집중되어 있다는 사실은 떠돌이신자들에게 선택지가 더 많다는 것을 의미한다. 그리 멀지 않은 곳에 또 다른 교회가 그럴듯한 종교상품을 내놓으며 신자들을 유혹하고 있는 것이다. 그런 신자들을 대대적으로 정착시키려면 담임목사가 디자인하는 교회나 목회가 그들의 신념과 기호에 잘 맞아야 한다. 이때 떠돌이신자들에게 더 많은 유인력을 갖는 담임목사의 자질은 카리스마적 리더십보다는 '설득적 리더십'이다.

이러한 설득적 리더십은 떠돌이신자들을 재정착하도록 유인하는 데만 유효한 것이 아니다. 담임목사는 재정착한 신자들과 '함께' 교회를 만들어간다. 이제 신자들은 담임목사에게 충성심을 갖는 추종자가 아니라 교회를 함께 만들어가는 '협력자' 혹은 '동역자'가 된다. 그런 신자를 나는 '주권신자'라고 명명한다. 이것은 민주국가의 제도적 주체를 '주권국민' 또는 '주권시민'이라고 부르는 것에 병행되는 표현이다. 권위주의 체제가 1인의 카리스마적 리더십을 가진 지도자와 그에게 절대 충성하는 백성들의 수직적 네트워크가 제도화된 사회라면, 민주주의 체제는 설득적 리더십을 가진 지도자와 주권국민/주권시민의 수평적 네트워크가 제도화된 사회다. 후발대형교회적 유형의 교회로 성장하는 데는 설득적 리더십의 담임목사와 주권신자의 효과적인 조합이 중요하다.

이 조합이 잘 작동하는 후발대형교회 유형의 공동체들은 독특한 신앙문화를 발명해나갔다. 그것이 바로 '웰빙 신앙'이다. 이러한 문화적 고품격화를 신앙제도 속에 녹여낸 것이 후발대형교회다.

| | 선발대형교회 | 후발대형교회 |
|---|---|---|
| 시대 | 사회와 개신교의 성장기 | 사회와 개신교의 저성장/역성장기 |
| 담임목사 | 카리스마적 리더십 | 설득적 리더십 |
| 신자 | 충성 신자 | 주권신자 |
| 교회 | 영적 전쟁의 전초기지 | 신자유주의의 후방 지대 |

한데 주권신자들은 대부분 사회적으로도 성공한 사람들이다. 이 시대가 신자유주의 시대이니 그들 각각은 신자유주의적 경쟁 사회의 '전사'로 성공한 자들이다. 즉 신자유주의적 무한 경쟁의 질서 속에서 더 효율적이고 지속적인 능력을 발휘한 자들인 것이다. 그런데 그런 이들이 교회를, 자신들의 일터처럼 야수적 전쟁터로 만든 것이 아니라, 웰빙적인 귀족적 품격이 넘치는 장소로 만들고자 했다. 즉 교회는 신자유주의적 전사들이 쉼을 누리고 몸과 마음을 치유할 수 있는 '후방 지대'인 것이다.

그런데 여기서 하나 더 유념할 것이 있다. 주권신자의 영향력이 강화될수록 교회는 '그 바깥'에 대해 무감각해진다. 가령 주권신자들이 고품격 문화 소비자와 관련 있다면, 그런 품격 있는 문화상품의 생산·유통 과정에서 허드렛일을 하는 혹은 아무 할 일도 없는 이들을 교회는 어떻게 포용할 것인가의 문제다. 웰빙보수주의가 후발대형교회적 문화를 주도하고 있다는 것은, 그 바깥의 사람들이 그런 품격 있는 문화를 체화하지 못하는 것이 아니라 '안 하는' 자들로 간주된다는 것을 뜻한다. 그런 것이 신앙적 상식이 되면, 그 바깥의 사람들은 이 교회의 '주권시민'이 될 수 없다. '그 바깥'에는 가난한 자, 외국계 이주노동자, 성소수자, '정상' 가족 관계가 결핍된 자 등이 있다. 그런 이들이 교회로 들어오지 못하는 것은 아니지만, 주권신자로서 교회의 비전을 만들고 그것을 실행에 옮기는 제도를 만드는 과정에서 제도와 담론 형성의 주체로 간주되지 않는다. 그런 이들은 하위 주체(노예적 주체)로서 가련한 표정을 짓고 교회에 스스로를 위탁하는 자일 뿐이다.

한편 교회의 주권신자라고 해서 그들이 평등한 권리를 갖고 있는 것은 아니다. 사실 교회의 내부 정보, 가령 재정 운용이나 교회 정책 등에 대해 신자 일반은 거의 접근할 수 없다. 대개의 경우, 신자들은 단순히 박수부대에 지나지 않는다. 이른바 이너서클과 나머지 사이의 벽은 대단히 높다. 최근 법적 공방을 통해 재정 장부와 당회(목사와 장로들의 회의) 회의록의 열람권이 신자들에게 있다는 것이 인정되었지만, 그것을 실행에 옮기란 쉬운 일이 아니다. 교회에 심각한 분쟁이 벌어지고 갈등이 극한까지 치달을 경우에나 그런 요구를 둘러싼 논란이 실체화되는 것이 일반적이다. 그만큼 교회는 권위주의적 성격이 강한 사회 단위다. 선발대형교회의 경우에는 거의 모든 권력이 담임목사 1인에게 집중되었지만 후발대형교회에서는 목사와 당회, 그리고 일부 특권적 신자에게로 권력이 분산되었을 뿐이다. 주권신자는 여전히 소극적인 주권의 주체로 남아 있는 것이다.

## 웰빙보수주의 문화와
## 정치의 헤게모니화를 우려한다

1980년대 내내 '독재 타도, 민주 쟁취'를 부르짖었던 반권위주의와 민주주의를 향한 사회적 열망은 '1990년대'라는 맹렬한 진보적 변화의 시대를 낳았다. 정치, 경제, 사회, 문화 곳곳에서 벌어진 통제되지 않는 욕망의 분출은 그런 시대를 열망해 마지않았던 이들조차 현기증이 날 정도로 거셌고, 또 많은 경우 과속이 낳은 스캔들로 뒤덮이기도 했다. 이제 많은 사람들은 진보가 더 이상 아름답지도 않고 해방을 가져오지도 않는, 심지어 새로운 지옥의 문일 수도 있다는 것을 절감하고 있다. 물론 1948년 이후부터 계속된 보수주의적 기획도 많은 이들에게 낙관적 희망을 선사하지 못했다.

그럼에도 보수와 진보의 대립은 격렬하다. 그만큼 양분된 진영의 권력이 막강하기 때문이다. 그 갈등을 아주 간단하게 요약하면, 권력과 자원의 독점화와 반독점화를 둘러싼 공방이다. 이것은 계급의 문제다. 권력과 자원을 독과점하는 계급이 있고 그것을 박탈당한 계급이 있다. 그리고 독점화를 반대하는 계급 이데올로기가 있고 그것을 정당화하는 계급 이데올로기가 있다. 물론 계급이나 계급 이데올로기가 이렇게 단순하게 양분되는 것은 아니다. 굉장히 다양한 수직적이고 수평적인 분화가 이루어지고 있다. 하지만 한국의 정치는 그 모든 다양성을 두 가지로 수렴하는 방식의 프레임이 너무 강력하기 때문에, 사람들은 그 갈등을 단순히 보수 대 진보라는 두 개의 범주로 이해하는 경향이 있다.

한편 1990년대 중반을 기점으로 한국 개신교회, 특히 대형교회에서 흥미로운 현상이 벌어지고 있다. 특정한 계급문화가 만들어지는 거대한 장이 종교적으로 형성되고 있는 것이다. 나는 그 장을 '후발대형교회'라고 부르고, 그 장에서 형성되는 문화적 실천의 내용을 '웰빙보수주의'라고 요약한다.

한국인 중 개신교 신자 비율은 아무리 많아도 20%를 넘지 못한다. 하지만 한국 사회의 파워엘리트 중 약 40%가 개신교 신자다. 한데 후발대형교회에는 선발대형교회보다 파워엘리트의 비율이 훨씬 더 높을 것으로 추정된다. 왜냐하면 선발대형교회가 전국의 대도시에 산재해 있는 반면, 후발대형교회는 강남권에 집중되어 있기 때문이다.

이는 후발대형교회가 사회에 미치는 영향력이 대단히 막강하다는 것을 의미한다. 그들은 정부와 정치권, 학계, 재계, 법조계, 군부를 망라한 사회 곳곳에 포진해서 강력한 영향력을 발휘하고 있다. 그들이 후발대형교회에서 문화적 계급으로 형성되고 있다는 것이 내가 이 책에서 말하고 있는 주된 결론이다. 물론 교회가 웰빙보수주의적인 문화적 계급이 형성되는 유일한 장은 아니다. 다양한 곳에서 그들 중심의 문화적 실천이 벌어지면서 문화적 계급으로 주체화되고 있다. 하지만 교회만큼 장기간 많은 이들이 긴밀하게 얽히면서 문화적 실천을 벌이는 장은 한국 사회 어디에서도 좀처럼 발견되지 않는다. 그런 점에서 나는 후발대형교회가 한국 사회에서 웰빙보수주의적 계급문화가 형성되는 가장 중요한 사회적 범주라고 본다.

그리고 최근 웰빙보수주의는 정치적 게임의 장으로 밀려들어오고 있다. 경제권력을 과점하고 있고 문화권력도 거머쥔 사회적 범주가 정치권력까지 장악하려는 흐름이 뚜렷하다. 현재까지는 '촛불정치'와 '태극기정치'로 양분된 진보와 보수의 정치 지형 아래서 이 범주의 세력이 적절한 자리를 차지하지 못하고 있다. 그럼에도 이 사회적 범주가 보수주의의 정치 어젠다를 추동하게 되는 것은 시간문제일 뿐이다.

영화 〈기생충〉에서 지상층에 사는 부르주아계급의 가족은 웰빙보수주의의 전형을 보인다. 그들은 가족적이며 예의 바르고 순박하기까지 하다. 한데 기생충처럼 들러붙어 있는 프레카리아트Precariat◆계급의 지하층 사람들에게 느닷없이 살해당하는 사건이 벌어진다. 사회가 이 사건을 기억하는 방식은 '대저택 묻지 마 살인사건'이다.

웰빙보수주의는 쿨하고 나이스한 보수주의처럼 보이지만, 어떤 사건을 이런 식으로 기억한다. 코로나 시대 '사회적 거리 두기'가 국민 절대 다수의 지지를 받는 상황에서, 웰빙보

---

◆ '불안정한'이라는 뜻의 형용사 precarious와 프롤레타리아트(proletariat)를 합성하여 만들어진 것으로, 비정규직 노동자나 파견 노동자, 심지어 실업자와 노숙자 등을 포괄적으로 가리키는 용어다.

수주의는 그런 사회적 합의를 충실히 준수하는 경향이 있다. 한데 문제는 사회적 거리 두기를 주류 사회는 (합리적 행위를 넘어) '선한 행위'로 규정한다는 것이다. 그 반대편에는 불결한, 냄새 나는 자들이 있다. 그들은 종종 사회적 거리 두기를 어긴다. 그들의 사회적 여건이 사회적 거리 두기에 불리한 탓이 크다. 한데 사회는 그런 행위를 선한 것의 반대 개념, 곧 악한 것으로 규정하곤 한다. 웰빙보수주의의 사회적 가치는 대개 이런 방식으로 조직된다.

하여 웰빙보수주의가 지배하는 사회가 낡은 보수주의의 사회보다 더 멋진 사회를 보장하지는 않는다. 오히려 더 교묘하게 편견과 차별이 제도화된 사회가 될 수 있다. 노골적인 배제와 차별 대신 부드러운, 은폐된 배제와 차별이 있는 세상에서 사람들은 깊이 생각하지 않고 그런 차별과 배제를 옹호하는 데 동참하게 될 수 있다. 그러므로 웰빙보수주의의 문화적이고 정치적인 헤게모니화를 우려하는 데는 충분한 이유가 있다. 이것이 후발대형교회에 대해 비판적 문제의식을 가지고 주목해야 하는 또 하나의 이유다.

# '한경직의 종교'
## 개신교 극우주의의 기원

## 긴급 전문

뉴욕 시간으로 1950년 6월 26일, 국제선교협의회IMC와 국제
문제교회위원회CCIA 사무실로 두 줄짜리 급전이 당도했다. 북
한이 대규모 침공을 감행했고 미국의 도움이 필요하다는 긴
박한 내용이었다.

　발신자는 한국기독교연합회였다. 당시 이 기구의 총무가
남궁혁 목사였으니 이 전보는 그의 책임 아래 작성되어 발신
되었겠다. 하지만 고령(69세)인 탓에 그는 피난길에 오르지 못
했고 그해 8월 납북되어 급전 이후 국면을 이끌 수 없었다. 이
전보 작성과 발신에 실제적인 역할을 수행한 이는, 돋보이는
국제 감각의 소유자인 40대 후반의 한경직 목사였던 것으로
알려졌다. 이후 그는 전쟁 기간에 연합군 총사령관인 맥아더

등 최고위층 인사의 통역관을 맡으면서 한국 개신교를 사실상 이끌었다.

이 급전을 수령한 국제선교협의회와 국제문제교회위원회는 신속하게 이 문제를 두고 미국 정부와 협의했고 세계교회협의회WCC 등 당시 세계에서 가장 막강한 국제 네트워크를 통해 세계 여론을 형성하는 데 큰 역할을 담당했다. 기독교 국제 네트워크의 지원에 힘입어 미국 중심의 국제연합은 매우 이례적으로 신속한 참전을 결의했고, 전쟁이 발발한 이후 보름 만인 7월 7일 연합군을 파병했다.

이것은 한국 개신교 역사상 가장 막강한 영향력을 가졌던 존재인 한경직의 성공 스토리에서 가장 결정적인 사건이다. 동시에 전쟁으로 완전 붕괴 상황에 놓인 한국 사회의 재구성 과정에서 한국 개신교가 가장 막강한 사회세력으로 발돋움하는 계기가 된 중대한 사건이기도 하다. 즉 한경직 개인의 성공과 한국 개신교의 성공이 만나는 지점에 한국전쟁이 자리 잡고 있다.

물론 한국 개신교는 가톨릭과 달리 매우 복잡한 종단이다. 어떤 관점을 취하는지에 따라, 그리고 어느 지점에서 읽기를 시도하는지에 따라 다른 해석들이 도출될 수 있다. 하지만 오늘 한국의 시민사회가 개신교에 대해 확인하고자 하는 몇 가지 문제적 요소들, 가령 극우 반공주의 성향이 강하고, 교세에 비해 너무 막대한 사회 자원을 과점하고 있으며, 정치권력에 깊이 개입되어 있는 점 등을 알고자 할 때, 한국전쟁이라는 시공간적 사건에서 한국 개신교의 형성을 살피는 것은 매우 유용하다. 그중에서도 특히 한경직과 개신교를 엮어서 볼 때 많은 물음들을 설명할 수 있다. 이 글은 바로 이에 관한 간략한 스케치다.

## 해방 정국, 막대한 영향력 발휘

해방 정국 남한에서 개신교는 전체 인구의 1.5~2.5%♦에 불과한 소수 종파였지만 그 존재감은 막대했다. 무엇보다 좌우 이념 갈등의 최전선에서 우파의 구심점에 개신교가 있었다. 왜 이런 이상한 일이 가능했을까. 실마리는 미국이다.

1823년 발표된 먼로독트린에 의해 불간섭주의를 국제정치의 원칙으로 삼아온 미국은 아시아에 관한 정보를, 외교관이 아니라 선교사나 무역 종사자들을 통해 얻었다. 한반도의 경우에는 경제적 가치가 없다고 판단되었기 때문에 주로 선교사들의 보고서가 한반도 정책에 주된 참고 자료로 활용되었다. 하여 미국의 한반도 외교정책을 다루는 연구자들 중에

---

♦ 1945년 당시 남한 인구는 1,600만 명, 개신교 신자는 24만 명(총인구 대비 1.5%) 정도였다. 그리고 북한 인구는 900만 명, 개신교 신자는 20만 명(2.2%) 정도였다. 한데 북한 개신교 신자 중 절반에 가까운 이들이 월남했고 또 개신교에 대한 미군정의 특혜로 새 신자의 증가도 있었다. 하여 1950년 당시 남한 인구 2,000만 명 중 개신교 인구는 50만 명(2.5%) 정도가 되었다.

는 선교사 보고서에 주목하는 이들이 있다. 하지만 그것 못지않게 중요한 것은 한국의 친미 성향 개신교계 엘리트들이 했던 역할이다.

일제 강점기 말기에 추방된 미국계 선교사들이 해방 직후 한반도에 돌아와서 했던 최초 행보 중 하나는 영어를 사용하는 친미 인사들을 미군정에 소개한 것이었다. 물론 그들 대부분은 선교사들의 도움으로 근대적 고등교육을 받은 개신교계 엘리트였다. 선교사들에 의해 추천된 이들이 미군정과 연계해 활동했던 가장 중요한 직책은 통역관이나 공보관이었다.

서북 지역 개신교계 거물인 윤하영 목사는 1945년 10월 초 월남한 직후 바로 미군정청의 공보관이 되었다. 윤하영과 한경직은 둘 다 미국 유학파인 서북 지역 엘리트 목사로, 윤하영은 신의주제1교회 담임목사를 역임했고, 한경직은 제2교회 담임목사를 지냈다. 그들은 기독교사회민주당을 창당하여 평안북도 지역의 기독교 세력을 규합해 공산당과 맞서고자 했다. 한데 지구당 건설 과정에서 소련 군정 당국과 유혈 충돌이 벌어졌고, 시위는 빠르게 확산되어갔다. 이에 11월 말 소련 군정 당국이 계엄령을 선포하고 윤하영과 한경직에 대한 체포령을 내렸으나, 두 사람은 이미 한 달 전에 남한으로 도주한 뒤였다. 아무튼 이 사태와 관련해 평안북도 지역에서 월남한 이들 사이에서 윤하영과 한경직은 '강성 반공주의'를 상징하는 존재로 기억되었다. 훗날 반공의 상징적 인물들인 오제도, 장도영 등이 바로 신의주에서부터 한경직의 영향권 아래 있

대형교회와 웰빙보수주의

었고, 김창룡은 장도영의 충성스러운 수하였다.

월남하자마자 미군정 공보관이 된 윤하영은 한경직이 당국의 특혜를 받는 데 큰 도움을 준 것으로 보인다. 한경직은 월남한 지 불과 두 달 만에 성베다니교회(이듬해 영락교회로 개칭)를 설립했다. 미군정이 적산가옥을 그에게 특혜로 준 덕분인데, 윤하영의 도움이 없었다면 쉽지 않을 일이었다.

신의주에서도 교회 성장에 남다른 능력을 발휘했던 한경직은 영락교회의 초고속 성장을 이끌었다. 창립 당시 27명이던 신자가 이듬해 말에는 1,500명에 육박했고, 1949년에는 6,000명에 이르는 대형교회가 되었다. 그렇게 급속 성장을 할 수 있었던 것은 이 교회가 북한 지역에서 월남한 이들의 센터 역할을 했기 때문이다.

평양에서 월남한 개신교 목사들이 즐비했는데, 왜 유독 한경직의 교회가 월남한 난민들의 중심 역할을 할 수 있었을까? 여러 이유가 있겠지만 한경직이 강성 반공주의로 유명한 목사라는 점이 큰 역할을 했을 것으로 보인다. 신의주 반공투쟁에 참여했던 열혈 청년들을 포함해, 서북 지역 곳곳에서 온 청년들이 이 교회로 몰려들었다. 하여 창립 1주년이 되기도 전에 이 교회 청년들을 축으로 하는 서북청년회가 출범했다. 미군정청, 군정청 산하 경무국, 그리고 이승만 등 강성 우파 지도자들과 친일 경력이 있는 자본가들이 이들을 물심양면으로 지원했다. 널리 알려져 있다시피, 서북청년회는 해방정국 남한에서 가장 행동주의적인 우파 청년 집단이었다. 그들은 공산주의자들에 대한 적개심을 표현하는 것이 정의라고 믿었고, 그것이 낯선 남한 땅에서 살아가는 존재 이유였다. 한데 그런 정의를 과격한 행동으로 옮기자 남한 땅에서 생존할 수 있는 물적 보상이 뒤따랐다. 하여 그들은 점점 더 무자비한 폭력 집단이 되어갔다. 그리고 그런 증오의 화신들에게 한경직은 신의 축복을 선포했다. 그것은 폭력 행위에 대한 물적 보상이 신의 선물처럼 해석되게 하는 심리적 장치가 되었을 것이다.

이렇게 영락교회가 월남자들의 센터가 되자, 미국 북장로회가 보낸 거액의 월남자 정착기금 운용에 대해 한경직의 영향력이 막대해졌다. 그는 사실상 교회 연관 기관이라 할 수 있는 고아원과 학교 등을 만들었고, 그 밖에도 병원, 출판사, 언론사 등에 대한 지원금의 활용에도 영향력을 행사했다. 하여 그는 사람들에게 취업의 기회도 만들어주는 마이더스의 손이 되어갔다. 그럴수록 한경직에 대한 미군정의 신뢰는 깊어졌다. 1948년 신탁통치와 남한 단독정부 문제를 두고 한국 사회의 여론을 청취하기 위해 유엔 한국임시위원단이 방한했을 때, 그들과 만나기로 예정된 각 분야 지도자 가운데 한경직도 포함되었다. 개신교 지도자 중에서는 유일하게 그가 선택된 것이다.

이렇게 한경직은 해방 정국에서 가장 돋보이는 개신교 우파 지도자였다. 하지만 아직 그에 걸맞은 직위가 부여된 것은 아니었다. 그는 원로급 지도자도 아니었고, 지분이 막강한 서울이나 평양 출신도 아니었다. 게다가 그는 미국 유학파 엘리트 중 하나였지만, 서북청년회가 거의 폭력배처럼 활개치고 다니는 교회의 담임목사였다.

이명박 대통령 만들기에 둘째가라면 서러울 정도로 혁혁한 공로를 세운 일등 공신인 전광훈 목사가 어느 인터뷰에서 자신을 한경직과 비유한 것은 일견 타당성이 있다. 해방 정국의 한경직도 압도적으로 좌편향 사회였던 남한을 극우파 사회로 바꾸고 극우적인 남한 단독정부 설립에 누구보다 큰 기여를 했지만, 그에겐 너무 과격한 목사의 이미지가 강했다.

한데 그런 이미지는 당시 남한 개신교의 모습이기도 했다. 미군정 당국과 이승만 정부가 개신교에 온갖 특혜를 주었고, 월남자 개신교 세력의 위상이 크게 상승했음에도, 교세는 여전히 소종파의 하나일 뿐이었다. '221쪽의 각주'에서 보았듯이, 1945년 24만 명이던 남한의 개신교 신자 수가 1950년에는 두 배 이상 늘어 50만 명 정도가 되었지만, 이는 월남한 개신교 신자 10만 명 정도가 포함된 숫자다. 총인구 대비 1.5%에서 2.5%로 증가한 정도였다. 당시 제헌의회 의원 198명 중 54명(27%), 이승만 정부 초대 내각의 부처 장관 21명 중 9명(43%)이 개신교 신자였던 것과는 현격한 차이가 있다. 정부는 거의 기독교 국가 같은 구성이었지만, 국민 사이에서 인지도는 매우 낮았을 뿐 아니라, 그나마 싸움이 신앙의 모든 것인 '십자군'의 이미지가 너무 강했다.

# 한국 개신교의
# 중심 중의 중심으로

한국전쟁이 발발했다. 전 세계의 국지전 가운데 이만큼 심각한 피해를 초래한 사례가 더는 없을 만큼 단기간에 모든 것을 파괴한 전쟁이었다. 한데 아이러니하게도 그것이 중대한 기회가 된 이들과 사회세력이 있었다. 앞에서 말했듯이 한경직과 한국 개신교였다.

1950년 6월 25일 새벽 4시에 북한군이 침공하여 파죽지세로 남하하고 있는데, 이 절체절명의 시기에 대통령이 보고받은 시각은 그로부터 6시간 반이 지난 오전 10시 30분이었다. 그로부터 12시간이 지난 밤 10시 30분, 대통령은 미국 극동군 사령관 맥아더에게 도움을 요청했다. 긴박한 상황에서 그가 취한 가장 합리적이고 유일한 선택이었다. 그리고 그는 27일 새벽 2시, 비밀리에 피난길에 올랐다. 국무회의는 열리지 않았으며, 전쟁 상황에 대한 이렇다 할 정보를 접하지 못한 국회의장 신익희는 27일 아침 7시에 비어 있는 경무대를 찾아갔고 그도 서둘러 피난을 떠났다. 그날 밤 9~11시 사이 대통령 특별 담화가 세 차례 방송되었는데, 국군이 서울 사수를 위해 사력을 다하고 있다는 내용이었다. 그리고 이튿날인 28일 새벽 2시 30분에 한강인도교가 폭파되었다.

이렇게 혼자 줄행랑친 대통령을 제외한 남한의 요인들조차 거의 상황 파악을 못 하고 있던 27일(뉴욕 시간으로 26일), 이

〈보론 1〉의 서두에서 말했듯이, 한국기독교연합회 총무 남궁혁의 재가 아래 한경직이 IMC와 CCIA에 급전을 보냈던 것이다. 제네바에 본부를 둔 기독교계 국제기구들은 좌우 이념 대립이 치열했다. 반면 뉴욕에 본부가 있는 기독교계 국제기구들은 친미 성향이 강해서 한국의 도움 요청에 신속히 대응할 수 있었다. 실제로 IMC와 CCIA가 기민하고 용의주도하게 국제 기독교계의 대응을 이끌어냄으로써 미국의 영향이 강한 장소인 캐나다 토론토에서 WCC 중앙위원회가 열리게되었다. 이 회의는 한국전쟁의 성격을 북한의 남침으로 규정하고, 유엔의 경찰 행동을 지지하는 성명을 발표하도록 추동했다. 이후 유럽의 여러 WCC 회원국들 내에서 중앙위원회의 결정을 비난하는 성명이 잇달아 발표되었지만, 이미 본부는 유엔의 파병을 지지하는 권위 있는 결정을 내린 뒤였다.

한경직의 기민한 정치력이 발휘된 또 하나의 사례는 대한기독교구제회의 설립이다. 급전을 보낸 날 종로의 예수교서회(대한기독교출판사의 전신) 사무실에서 한경직을 포함한 장로교, 감리교, 성결교 성직자 8인이 모여 설립한 기관인데, 한경직이 회장으로 선임되었다. 요컨대 이 기구의 설립을 주도한이는 한경직이었다. 설립 취지는 국군을 돕고 피난민을 구제하는 데 있었다. 물론 설립하자마자 이 기구도 피난길에 올라 대전, 대구, 그리고 부산으로 본부를 옮겨야 했다. 아무튼 대한기독교구제회는 전쟁 당시 개신교가 주도하여 설립한 최초이자 대표적인 구국 단체였다.

계속된 피난길에 몸도 지치고 마음도 절망의 나락으로 내던져졌을 법한데 한경직은 대한기독교구제회의 활동을 끊임없이 기획해냈다. 특히 대구에서 '구국지원 청년지원병 모집' 운동을 벌였고, 무려 3,000명이 이에 참여했다. 목숨을 걸어야 하는 캠페인에 3,000명이나 자원자를 모집할 수 있는 이는 한경직 외에는 없었을 것이다. 이로 인해 그는 군부로부터 깊은 신망을 얻을 수 있었다.

한편 그를 특별히 신임했던 미군정 사령부는 한국전쟁 파병을 위해 신설된 유엔군 사령부의 총사령관으로 부임한 맥아더에게 한경직을 소개하여 그의 통역관이 되게 했다. 하여 인천상륙작전 당시 그는 맥아더를 보좌하여 유엔군과 국군의 북진에 동행했다. 이것은 국군의 고위급 장교들에게 한경직이라는 존재가 대통령보다도 더 중요한 인물처럼 받아들여지게 했다.

그런 와중에도 그는 피난처 곳곳에 교회를 세웠다. 부산 영락교회는 사람들로 넘쳐났고, 대구와 제주에 세워진 영락교회에도 많은 이들이 몰려왔다. 우선 서울에서 피난한 영락교회 교인들과 전국 요처로 파견된 서북청년회 회원들이 이 교회로 모여들었다. 또 전쟁 기간에 월남한 사람들도 소문을 듣고 영락교회로 찾아왔다. 이뿐만 아니라 급부상한 한경직의 정치적 위상을 보고 찾아간 이들도 적잖았다. 그중에는 권력층 인사도 꽤 많았다.

그러나 무엇보다 중요한 것은 경제적 요인이었을 것이다.

전란 속에서 절체절명의 생존 위기에 빠져 있던 이들에게 영락교회는 생존의 기회를 얻을 수 있는 최적의 장이었다.

한국전쟁이 일어나자 전 세계에서 어마어마한 구호금과 물품이 답지했다. 그중 절반 정도는 개신교계 기관들로부터 왔다. 한데 나머지 절반의 구호금과 물품은 국내 수령 주체가 부재하거나 부패한 탓에 효과적으로 배분될 수 없었다. 반면 교회는 달랐다. 피난 중에도 잘 조직되어 있었고 국제 네트워크와의 연결 장치가 잘 작동되고 있었으며 언어 장애를 극복할 인적 자원이 풍부했다. 해서 전 세계 최고의 구호 전문가들이 들어와도 개신교만큼 인프라가 잘 갖춰진 조직을 다른 곳에서는 찾을 수 없었다.

특히 한경직이 주도한 대한기독교구제회는 이런 상황에서 가장 빛났다. 여기서 한경직으로 표상되는 기독교 신앙이 주목된다. 대한기독교구제회에는 이념 성향 면에서 훨씬 온건한 화해론자들이 많았지만, 문제는 한경직이 이 단체의 성격을 과잉 규정하는 존재였다는 데 있다. 이것이 의미하는 바는, 강성 반공주의와 배타주의다. 한경직을 추종하는 수많은 열혈 청년들이 그가 벌이는 일에 목숨 걸고 참여하고 있었기에 그의 존재감은 더욱 강력했다.

당시 한국에 들어온 세계 최고의 국제 구호 전문가들은, 기독교 기관에 속했든 아니든 간에, 구호의 우선순위를 '긴급한 필요'에 두고 있었지만, 그것을 실행에 옮기는 기독교계 현장 활동가들 다수는 이념의 잣대를 예민하게 적용하고 있었다. 가령 아무리 긴급한 대상이라 해도 '빨갱이'에게는 절대로 수혜를 줄 수 없었다. 이로 인해 구호 책임자들과 현장 활동가들 사이에 마찰이 적지 않았지만, 그럼에도 막대한 구호기금과 물품이 기독교를 매개로 사용되었고, 이는 많은 대중에게 기독교 신앙이 매우 유혹적으로 다가갈 수 있게 했다. 하지만 개신교 신자가 되려면 일종의 정신 세탁을 요구받았다. 공산주의자와 절대로 함께해서는 안 되고 다른 종교에 대해서도 배타적이어야 한다는 것이다. 한 집만 걸러도 가족과 친족, 친구 중 공산주의자가 있었고, 거의 모든 국민이 불교와 유교, 무속 등의 신앙을 갖고 있었기에, 개신교로 개종하려면 가족과의 단절까지 감수해야 하는 경우가 많았다. 요컨대 개신교는, 특히 한경직 유형의 개신교는 여전히 문턱이 높았다.

한경직 자신은 늘 타자에게 희생적이고 독설을 퍼부을 때조차 점잖은 품격을 유지했다. 하지만 그의 추종자들 대부분은 너무나 공격적이었고, 그런 공격성의 화신들에게 한경직은 격려와 칭찬을 아끼지 않았다. 아무튼 영락교회는 경제적 생존을 위한 기회의 장으로서 큰 매력을 갖고 있었고, 이는 교단을 불문하고 무수한 개신교 성직자들과 교회들이 한경직과 영락교회를 선망하는 것으로 나타났다. 하여 전쟁과 전후 복구의 시기인 1950년대는 한경직과 영락교회의 시대였다.

이제 한경직은 한국 개신교에서 중심 중의 중심으로 부상했다. 그리고 1951년 3월 이후 전쟁터가 38선 부근으로 국한되고 그 외의 지역은 후방 지대가 되는 교착 국면에 들어서

자, 전후 복구 사업이 시작되었다. 이제 구호기금과 물품보다도 사회 재건을 위한 기금이 더 많이 유통되었다. 여전히 개신교는 막대한 기금을 운용할 수 있었고, 이 시기에 개신교는 시민사회에서 다른 경쟁자가 없을 만큼 엄청난 물적·인적 자원을 차지한 종단으로 발돋움한다.

주목할 것은 바로 이 무렵부터 개신교 내에 교단 분열이 시작되었다는 점이다. 1951년 5월 장로교 부산 총회에서 신사참배 문제로 고신파가 장로교 주류 집단에서 배제되었고, 1953년 4월 장로교 대구 총회에서 성서비평학 문제로 김재준과 기장파가 주류 집단에서 배제되었으며, 1959년 9월 장로교 대전 총회에서는 WCC 문제로 합동파가 장로교 주류에서 이탈했다. 세 번의 대분열은 각기 이유도 다르고 양상도 달랐지만, 공통된 것은 한경직이 속한 다수파가 반대파를 배제한 사건이라는 점, 배제된 소수파는 미국장로교회로부터 온 각종 기관의 재산권에 대한 접근권에서 멀어졌다는 점이다. 그것은 반대로 주류파가 그 재산에 대한 독점적 점유권을 차지하게 되었다는 의미이기도 하다.

한편 1955년에 한경직은 예수교장로회 총회장이 되는데, 그 무렵부터 장로교에서 신비주의적 소종파들에 대한 제명 작업이 본격화되었다. 여기에 속하는 대표적인 소종파 운동이 나운몽의 '용문산기도원'과 박태선의 '전도관' 운동인데, 이 두 소종파 운동을 이끌었던 나운몽과 박태선은 1953년 전쟁이 종식될 무렵 몸과 정신이 만신창이가 되었지만 이렇다

할 치료를 받을 수 없던 대중에게 질병의 치유를 곁들인 부흥 집회를 이끌었다. 이 두 운동은 개신교도뿐 아니라 헤어 나올 수 없는 고통에 시달리던 많은 대중에게 '조건 없는 수혜의 복음'을 베풀었다는 점에서, 한경직 유형의 자폐적 종교성과 달리 매우 개방적인 종교로의 전환 가능성을 보여주었다. 하지만 근본주의적 폐쇄성을 복음의 진리라고 믿었던 주류 장로교, 특히 한경직과 서북파 장로교 세력에게 이들 신비주의적 신앙운동은 혼합주의적 이단으로 보였다. 하여 1956년 장로교 총회에서 이들을 이단으로 낙인찍음으로써 함께할 수 없는 종교성으로 배척되었다.

흥미롭게도 1970~1980년대 한국 개신교의 대부흥을 이끌었던 조용기의 순복음교회 운동은 나운몽의 부흥운동 계보에서 나온 것이었고, 2000년대에 또 다른 대부흥을 주도한 이만희의 신천지파 운동은 박태선의 부흥운동 계보에서 나왔다. 즉 한국 개신교의 확장성은 날카로운 이념을 극대화시킨 정통에 대한 집착이 아니라 대중의 고통에 어떤 식으로든 다가간 종교성에서 나온 것이다. 물론 순복음교회 운동이나 신천지 운동이 대중의 고통을 퇴행적 신앙으로 전환시켰다는 점에서 문제가 있지만, 한경직 유형의 자폐적 신앙이 할 수 없었던 대중적 확산에 성공했다는 점은, 오늘의 한국 개신교가 잃어버린 것이 무엇인지를 생각하게 한다.

## 권위주의, 배타적,
## 증오의 담론

1960년 한국 개신교 신자 수는 약 62만 3,000명이었다. 10년 전 신자가 50만 명이었으니 25% 정도 증가한 셈이다. 그런데 이는 그 10년 동안의 인구 증가율과 거의 비슷하다. 1950년 약 2,000만 명이던 남한 인구는 1960년 2,500만 명이 되었다. 총인구 대비 개신교 신자의 비율은 10년 전처럼 2.5%에 그쳤다. 아직 개신교가 대중 속에 파고들지는 못한 것이다.

좌편향이 강한 사회를 극우적 사회로 전환시키는 최전선에서 맹활약하는 '전사의 종교warrior's religion' 이미지가 강했던 해방 정국과 달리, 1950년대에 개신교는 막대한 사회 자원을 차지하게 되었고 총인구 대비 신자 비율을 훨씬 압도하는 많은 파워엘리트를 보유한 종교가 되었다. 그런 인적·물적 자원에 기초하여 정권을 창출하고 유지하게 하는 막강한 능력을 갖추게 된 시기가 바로 1950년대다. 한데 그럼에도 이 시기에 신자의 비약적인 증가는 없었다. 10년 전보다 12만여 명 늘었지만, 그중에는 전쟁 기간에 월남한 개신교 신자들이 적잖이 포함되었다. 즉 새 신자의 증가는 이 종단의 영향력에 비해 너무나 미미했다.

한경직은 이 시기 개신교를 대표하는 존재일 뿐 아니라 개신교의 특성을 만들어낸 존재였다. 하여 그는 이 시기 한국 개신교의 절대 1인이 되었다. 그는 수많은 목사들의 롤 모델이었고, 영락교회는 수많은 교회들의 선망과 모방의 대상이었다. 그런 점에서 이 시기 한국 개신교는 '한경직의 종교'였다고 해도 과언이 아니다. 한데 '한경직의 종교'는 미친 존재감을 드러내는 종교가 되었음에도, 대중의 마음을 설레게 하는 종교가 되지는 못했다. 그것은 아마도 그의 과격한 반공주의 성향, 그리고 반혼합주의 때문이겠다. 까딱하면 '붉은 용'♦이 되고 사이비 혹은 이단이 되기 때문이다.

한경직의 독보적 위상은 그가 은퇴하는 1970년대까지 건재했다. 하지만 그의 독보적 영향력이 감소한 결정적 요인은 은퇴가 아니었다. 그보다는 다른 신앙 양식이 대유행함으로써 '한경직의 종교'의 영향력이 감소했기 때문이다. 이른바 '조용기 현상'이 대유행하는 시기가 도래했다. 이제 많은 이들이 조용기와 순복음교회를 롤 모델 삼아 선망하고 모방했다.

앞에서 간략히 언급한 것처럼 조용기는 나운몽의 계보에 있는 부흥사다. 나운몽처럼 조용기도 병든 몸의 고통에서 자유롭게 되는 것과 영의 구원이 별개가 아님을 주장했다. 여기에 하나 더, 지긋지긋한 가난에서 벗어나려는 갈망까지도 포함되어야 진정한 구원이라고 강변했다. 한경직은 이런 세속적 갈망이 자칫 영적인 구원을 타락시킬 뿐 아니라, 무속적인 기복성의 발로라고 보았다. 그래서 이런 신앙을 '이단적인 것'이

---

♦ 한경직은 설교에서 〈요한계시록〉의 '붉은 용'이라는 표현을 공산주의자를 지칭하는 데 사용하곤 했다.

라고 주장하고, 무속적 요소와 그리스도교적 요소를 결합시킨 것이니 혼합주의와 다름없다고 비판했다. 하지만 대중은 조용기의 종교를 향해 몰려갔고, 한경직의 비판에 공조했던 이들조차 슬금슬금 조용기의 새로운 패러다임을 따르기 시작했다.

다시 말하거니와 '조용기의 종교'는 '한경직의 종교'보다 더 대중적이라는 점에서 양적인 성공을 거두었지만, 그렇게 기독교 신자가 된 이들이 성찰적이고 이웃에 대한 공공 의식이 발전한 대중은 아니었다. 즉 '한경직의 종교'에서는 대중이 부재하지만, '조용기의 종교'에서 대중은 퇴행적 존재가 되었다. 아무튼 한경직의 자폐성, 대중의 욕망과 선을 긋는 종교성은 위상이 꺾였지만, 조용기조차 혹은 '그 종교'의 신봉자들조차 한경직의 프레임을 다 버리지는 않았음을 주지해야 한다. 아니, '한경직의 종교'의 담론적 골격을 그대로 수용했다. 마치 '한경직의 종교'가 한국 개신교의 DNA가 된 것처럼.

대표적인 것이 반공주의다. 그리스도교 신앙이 반드시 반공주의와 불가분의 동일체는 아님에도, 한국의 그리스도교인들에게 반공주의는 신앙 그 자체로 이해되었다. 또 한경직의 '기독교국가론'은, 그 용어를 사용하든 사용하지 않든, 많은 그리스도교 엘리트들 사이에서 공유되고 있다. 한경직처럼 그들 자신은 정치에 참여하지 않고 끝끝내 교회 사역자로 남아 있지만,◆◆ 그럼에도 그들은 언제나 정부 형성에 깊이 개입하

---

◆◆ 한경직은 자신의 이런 행보를 '정교분리'라는 말로 정당화했다.

려 한다. '장로 대통령' 운운하는 주장들은 한경직의 기독교국가론이 가장 대중적으로 성공한 담론화 방식이다.

하나 더 얘기하자면, 개신교는 파워엘리트를 통해 사회에 개입하려 한다는 것이다. 그래서 개신교는 유난히 사회 자원을 독과점하려는 경향이 강하고, 파워엘리트를 신자로 끌어들이는 데 각고의 노력을 기울이고 있다. 무지렁이 대중의 소박한 주장이 담론화되고 제도에 반영됨으로써 구현되는 사회적 공론에 대해서는 그다지 적극적이지 않고, 반대로 여러 파워엘리트 집단을 통한 사회적 개입을 선호한다.

그런 점에서 한경직과 영락교회가 더 이상 선망과 모방의 대상이 되지 않게 된 뒤에도, '한경직의 종교'가 내포하는 요소들은 한국 개신교 내에서 '장기 지속성'을 지닌다. 문제는 이런 뿌리 깊은 요소가 권위주의적이고 배타적이며 타자에 대해 공격적인 증오의 담론 양식이라는 데 있다.

오늘날 전 세계를 휩쓸고 있는 코로나19 사태에 대한 세계를 대표하는 대중매체들의 보도에 따르면, 한국의 대응법이 가장 적절했다고 하면서, 민주주의의 발전이 코로나19를 막아내는 데도 유효했다는 해석을 덧붙였다. 신자유주의 시대에 세계 곳곳에서 민주주의가 후퇴하고 있는 반면 한국은 예외적으로 민주주의가 강화되는 방식으로 국가와 시민사회가 형성되었는데, 코로나19가 세계를 덮쳤을 때 권위주의적 정권보다 민주주의적 정권과 시민사회가 훨씬 훌륭한 대응을 했다는 것이다.

이런 관점에서 보면 한국 개신교는 한국 사회가 성찰적 사회로 발전해가는 데 장애물과 같은 존재가 되고 있다. 즉 '적폐'의 전형을 교회가 드러내고 있다. 한국전쟁기에 형성된 '한경직의 종교', 그것을 청산하는 것이 '민주 사회의 종교'로서 한국 개신교가 재정립되기 위한 전제 조건이다.

# 전광훈 현상을 읽다
### 극우의 좌절과 촛불정치의 효과

## 극우의 몰락

전광훈, 그는 오늘날 한국 개신교 극우를 읽는 키워드다. 그렇게 된 가장 중요한 이유는 극우 범주로 묶일 수 있는 개신교 세력이 협소해진 탓이다.

이명박-박근혜 정권은 애초의 슬로건과 달리 정권 초기부터 극우 드라이브에 매진했는데,◆ 이 두 정권의 부패와 무

---

◆ 이명박 정권은 '실용주의 정권'임을 강조했고, 박근혜 정권은 복지를 적극 수용한 수정주의 우파 전략을 폈다. 이런 전략들은 대선 승리에 커다란 효용성이 있었다. 하지만 이명박 정권은 집권한 지 5개월도 안 돼 발생한 금강산 관광객 박양자 씨의 피격 사건을 계기로 이념적 융통성이 없는 극우 냉전적 정치로 빠르게 귀환했고, 박근혜 정권은 출범 직후 바로 강성 극우적 성격을 분명하게 드러냈다.

능, 그리고 민주주의에 역진하는 권위주의 정치는 결과적으로 우파의 분열을 초래했고, 그것은 정권의 처참한 붕괴로 귀결되었다. 이 두 정권 시절 우파 진영 전체를 견인하던 극우 세력의 구심력이 급격히 약화된 것이 그 주된 이유다. 촛불집회로 박근혜 대통령이 탄핵당하고 정권이 몰락하는 과정에서 정치권 내에서 극우는 정권 실패에 대한 책임론의 한가운데에 있었다. 그러나 극우는 국민에게는 적폐의 대상임에도 당내 제도 권력에서 우위를 점하고 있었고, 오히려 반대파 다수가 당을 이탈하여 포괄정당catch-all party♦♦을 만들려는 새로운 실험에 돌입해야 했다.

이런 상황에서 당 잔류파는 분위기를 쇄신하겠다는 취지로 당명(새누리당→자유한국당)을 바꾸기까지 했지만 지지율은 바닥으로 추락했다. 정치권 내에서 극우는 회생의 출구가 없는 듯했다.

---

♦♦ 포괄정당이란 특정 이념이나 계층에 국한되지 않는 다양성의 정치를 표방하는 탈냉전 시대의 새로운 정치 양식인데, 최근 한국 사회가 정치제도적으로는 냉전 사회 성격이 강함에도 담론적으로는 탈냉전 기조가 강하다는 점에서, 주로 중도 우파 그룹에서 그런 담론적 분위기를 등에 업고 정치 개혁을 주장하면서 대두한 '빅텐트'론과 맥을 같이한다.

# 광장, 극우의 위험한 부활,
# 그리고 한기총

그런 와중에 극우의 중심은 국회의사당에서 '광장'으로 이동했다. 이른바 '태극기집회'가 극우 정치의 생명을 연명하는 구동 장치가 된 것이다. 흥미로운 것은, 태극기집회가 노령 참여자들의 스타일과 부합하는 집회 양식이라는 점이다. 그들이 청년 시절 열렬히 지지했던 나라, 그 나라의 지도자는 노인을 위한 나라를 만들지 않았지만, 노인이 된 그들은 그때의 나라가 아닌 지금의 나라에 분노한다. 게다가 이 집회에는 사사로운 불만을 공적 분노로 대체시켜주는 장치가 있었다. 자신들이 이룩한 '그 성공적인 나라'와 자신들을 소외시키는 '이 무뢰한 나라'를 극단적으로 대조시키는 다분히 '가짜 뉴스'적인 이상한 담론 장치였다. 하여 집회 기획자들은 그들을 불러 모으려고 특별한 이벤트를 준비할 필요가 없었다. 그들은 시간이 많았고 새로운 것에 대한 감수성이 강하지 않았다.

이렇게 창의적이지 않아도 반복성과 지속성♦을 특징으로 하는 집회는 노령 참여자들에게 적합했다. 하지만 그것은 그들만으로는 가능하지 않다. 성능 좋은 오디오 시스템이 있어

---

♦ 박근혜 대통령 퇴진 촛불집회에 대한 맞불집회로 기획된 2016년 11월 19일 첫 번째 태극기집회가 시작된 이후 2019년 6월 8일 현재까지 127차 태극기집회가 열렸고, 향후에도 계속될 것이 확실하다. 이 집회는 만 2년 8개월 동안 매주 거의 거르지 않고 열렸다.

야 하고, 소수여도 헌신적인 열렬한 젊은 활동가도 필요하다. 그리고 가짜 뉴스든 아니든 무수한 온·오프라인을 떠도는 텍스트를 생산·유통하는 주체가 있어야 한다. 이런 요소들을 두루 갖춘 특화된 집단이 바로 개신교다.♦♦ 이 종교에는 반복성과 지속성을 통해 집회의 다이너미즘을 극대화하는 인적 자원과 물적 자원이 풍부하다. 그리고 그런 자원을 끊임없이 충원하고 성장시키는 장치가 잘 작동하고 있다.

게다가 개신교계가 동원하는 대중의 규모가 엄청나다는 것은 널리 알려진 상식이다. 이를 입증한 대표적 사례가 2003년 3·1절 구국기도회다. 그해 2월 25일 노무현 대통령이 취임했으니까, 참여정부가 시작된 지 한 주도 채 안 된 때였다. 김대중 정권에 이어 노무현 정권까지 두 번 연속 개혁 세력에게 패배함으로써 집권에 실패한 보수 우익 세력은 지리멸렬한

---

♦♦ 이는 선발대형교회적 예배 패러다임이다. 반면 후발대형교회적 예배 패러다임은 반복성과 지속성이 어느 정도 유지되지만 동시에 이벤트 기획이 중요한 역할을 한다. 노래, 조명, 동선 등 다양한 변화가 매회 디자인됨으로써 예배가 구성되는 것이다. 이것은 최근 코로나19 사태의 사회적 거리 두기 국면에서 두드러지게 나타난다. 선발대형교회적 예배의 반복성과 지속성에서 생기를 북돋는 부분은 목사가 먼저 매기고 청중이 받는 액션-리액션의 요소다. 이런 예배 양식은 대면을 전제로 해야 한다. 그러므로 대면 예배를 자제하는 것은 신앙의 장치에서 커다란 타격이 아닐 수 없다. 반면 후발대형교회들은 섬세한 워십 디자인(worship-design)을 수행하는 전문 기획자들의 역할이 중요하고, 청중의 리액션은 부차적인 요소다. 이런 교회들에서 대면 예배는 신앙 형성의 장치로서 필수적인 것이 아니다. 하여 후발대형교회에서 사회적 거리 두기는 훨씬 덜 어려운 사회적 요구인 셈이다.

상태였다. 그런데 그 집회에 개신교계가 동원한 인원이 무려 20만 명이나 되었다.

오랫동안 교회 성장에 경쟁적으로 몰두해왔던 대형교회 중 일부가 교단 권력을 장악하는 일에 적극적으로 나선 것은 1990년대 초 즈음인데,♦ 그로부터 10년쯤 지나서는 정치세력화에 본격적으로 나선 것이다. 이승만 시대에 한경직 등 개신교 지도자들이 내걸었던 '기독교국가' 슬로건이 다시 부상했다. 이 광장집회 이후 범보수 우익 세력의 재결집이 본격화되었고, 이듬해 노무현 대통령의 탄핵안이 국회에서 가결되는 '개가'를 이룩했다. 이때 한국기독교총연합회(이하 한기총)가 미친 존재감을 드러내기 시작했다.♦♦ 이후 한기총은 이명박 대통령 만들기를 주도했고, 명실공히 개신교 보수파의 구심점이이 되었다.

여기서 하나 짚어둘 것이 있다. 한기총이 2000년대 초 이후 한국 개신교 우파의 구심점 역할을 했다고 했는데, 여기에는 1990년대 중반 이후 급성장하고 있는 신흥 집단, 나의 표

---

♦ 대형교회가 교권 장악을 본격화한 상징적 사건은 변선환·홍정수 교수의 출교 사태였다. 1991년 감리교단은 두 교수의 종교 다원주의적 행태에 대해 교수직 파면, 목사직 박탈 그리고 출교 처분이라는, 한국감리교 역사상 가장 강력한 징계를 감행했다. 한데 이 사태의 중심에는 한국뿐 아니라 세계 감리교 교회 중 가장 많은 신자를 보유한 금란교회의 김홍도 목사가 있었다.

♦♦ 2000년대 이후 한기총을 다룬 기사가 폭증하여, 이제까지 개신교를 대표하는 기관처럼 인식되어온 한국기독교교회협의회(NCCK)를 압도했다. 하여 한기총은 명실공히 개신교를 대표하는 기관으로 자리 잡게 되었다.

현으로는 '후발대형교회적 개신교 세력'도 있었다. 후발대형교회는 교회 양식으로는 새로웠지만 아직 정치 주체로서 부상한 것은 아니었고, 전통적인 보수주의 이념의 자장 아래 있었다. 그러나 이명박 정권이 정치적으로 극우화하고 정권 실세들의 부패 사건들이 속출하던 2010년대 이후 후발대형교회는 한기총의 영향권에서 벗어나고 있었고, 그중 일부는 박근혜 정권 이후 '웰빙보수주의'적 문화 주체에서 정치 주체로 영역을 확장하려는 양상을 본격적으로 드러내기 시작했다. 그것을 단순화해서 설명하기는 쉽지 않지만, 이념 지향적인 반공보수주의 기조가 상대적으로 약화되고 신자유주의적인 보수주의가 더 강화된 교회의 신앙문화가 후발대형교회의 특징이라고 할 수 있다. 이것은 미국적 합리성에 보다 충실한 정치를 선호하는 것으로 나타났고, 한기총과는 다른 방식의 기독교국가에 대한 비전으로 표현되었다. 아직 형성 과정에 있지만, 최근 양상을 보면 '중간지대론'에 더 가까운 정치세력화라고 할 수 있다는 것이 나의 추정이다.


## 전광훈, 극우의 성공
## 혹은 또 다른 실패


그 무렵 전광훈은 아직 널리 알려진 인물이 아니었다. 하지만 1998년 그가 만든 청교도영성훈련원은 이명박 정권이 탄생하던 시기에 급부상하기 시작했고 박근혜 정권 탄생 전후에는 수천 명의 목회자 부부와 평신도가 참여하는 대규모 정치 집회의 장이 되었다. 그곳에서는 강성 반공주의가 개신교 신앙의 언어와 '믹스'되어 소리 높여 외쳐졌고, 그렇게 재주체화된 개신교 목회자와 평신도의 정치적 연결망이 만들어졌다. 무명의 극우 전사인 전광훈은 이때부터 주목받기 시작했다.

한데 문제는 그가 개신교 보수 우파 지도자들 가운데 '가장 강한 정치 성향'을 갖고 있다는 점, 그리고 개신교 보수 우파의 다양한 정치 스펙트럼 가운데 '가장 극우적'이라는 점에 있다. 이는 그가 두 번의 보수 정권 탄생에 큰 공로가 있는데도 한기총을 주도하는 인물일 수 없는 이유이기도 했다. 한기총같이 결속도가 낮으면서도 대외 영향력이 막강한 단체의 지도부는 다양한 정치 스펙트럼의 중간 지점에서 좌우로 조금씩 옮겨 가면서 활동하기 마련인데, 전광훈은 그런 인물이 아니었기 때문이다. 흔히 말하듯 그는 '독고다이' 타입이다. 하여 그는 개신교 보수파의 비주류 인사들과 함께 기독교 정당 운동을 주도했다. 이 개신교 독자정당파는 '반공'과 함께 '반동성애'와 '반이슬람'이라는 '3박자 증오의 정치'를 가장 적극적으로 드러내는 극우주의 정당으로서 기치를 올렸지만, 단 한 석의 국회의원도 배출하지 못했다. 많은 목사들이 참여했음에도 그들 각각은 신자들을 설득하는 데 실패한 것이다.

그런 그가 2019년 한기총의 대표회장에 당선되었다. 그것은 개신교 보수 우파의 위세가 절정에 있을 무렵인 2012년에 시작된 치명적인 내부 분열과 관련이 있다. 한기총은 정관 상 가맹 교단의 규모를 중요시하는 연합 단체인데, 거대 교단 들이 줄줄이 이탈하여, 전광훈이 대표회장에 당선된 2019년 1월 말 현재, 중간 규모의 교파들인 여의도순복음교회가 속한 기독교대한하나님의성회(이하 기하성)와 기독교한국침례회만 이 한기총에 남아 있다. 이탈한 교단들 대부분은 한국교회연 합(이하 한교연)을 결성하여 재결집함으로써, 한교연이 현재 한 국 개신교에서 가장 규모가 큰 연합 단체가 되었다. 한동안 한 기총 대표회장 선거는 너무나 과열되어 금권이 난무한 '아사 리판'이었는데, 제25대 회장을 선출한 2019년에는 매우 냉랭 하기만 했다.

제24대까지 역대 한기총 대표회장들은 언제나 보수 우파 성향의 인사들이었다. 하지만 그들은 자신들의 후원 세력인 소속 교단과 몇몇 대형교회 대표자 혹은 위임된 자로서, 그런 위상으로 다른 계파들을 결속시키는 타협적 교단정치를 펼쳤 다. 거대 교단들이 줄줄이 이탈하여 교단정치의 틀이 붕괴된 2014년 이후에도 몇 년간은 이런 양상이 계속되었다. 하여 교 회 대 시민사회의 갈등이 심각하게 표면화될 때를 제외하고 는 대체로 '사회정치'보다는 '교단정치'◆가 그들의 주된 관심 거리였다. 그들 대부분은 보수적이었지만 단지 권력이 필요했

---

◆ 여기서 나는 편의상 '종교 범주'와 '시민사회 범주'로 나누어 '교단정치'를 전 자와 관련시켰고, 후자와 관련해서는 '사회정치'라는 용어로 부르고 있다.

지 예각화된 이념 논쟁에는 무지했다. 그런데 제25대 대표회장 선거에 출마한 전광훈과 김한식◆은 이전의 대표회장들과는 다른 캐릭터의 인물들이다. 그들은 교단정치보다는 사회정치를 주요 무대로 삼아 활동해왔다. 특히 박근혜 대통령이 탄핵된 이후, 그들의 정치활동의 주요 장은 '광장'이었다. 그들의 성향은 비타협적 극우주의라고 할 수 있다. 즉 2019년은 교단정치의 틀이 무너진 뒤 한기총이 극우 이념의 종교적 거점으로 변화된 시기라고 할 수 있을 것이다. 그런 변화를 주도한 이가 바로 대표회장에 당선된 전광훈이다.

## 전광훈 이펙트

강골의 공안검사였고 박근혜 정권기에 방송문화진흥회 이사장을 역임한 고영주 변호사는 태극기집회에서 문재인 대통령은 빨갱이이며 현 정권은 반역 정권이니 속히 퇴출시켜야 한다고 주장했다. 그런데 그는 이런 성격의 태극기집회를 국민총궐기 집회로 기획하고 이끈 인물이 전광훈이라고 하면서,

---

◆ 김한식은 1971년 한사랑선교회를 설립하여 대학교 선교활동에 매진한 인물로, 극단적 반공주의 성향이라는 점에서는 전광훈 못지않은 활동을 펼쳐왔다. 1997년에는 바른나라정치연합이라는, 사실상의 기독교 정당을 창당하여 대통령 선거에 출마했으나 개신교계 내에서조차 거의 존재감이 없었다. 이후 그는 개신교 극우 네트워크를 만드는 일에 적극적으로 나섰다.

이 집회의 성공을 위해서는 전광훈이 중심이 되어야 한다고 말했다. 법조인으로 기독자유당을 주도했던 또 다른 극우 인사인 고영일 자유와인권연구소 소장도 태극기집회를 대형 집회로 이끌 수 있는 이는 전광훈밖에 없다고 말했다.♦♦ 이러한 말들 뒤에는 태극기집회의 성공적 전개를 위해서는 개신교의 인적·물적 자원이 절실하고, 현재 그것을 수행할 개신교 지도자는 전광훈뿐이라는 기대가 들어 있다.

실제로 전광훈은 박근혜 대통령이 탄핵당한 이후인 2017년부터 계속 3·1절 구국기도회를 반문재인 기조의 국민 총궐기 집회와 연계시키는 활동을 주도했다. 반면 다른 개신교 지도자들은 이런 극우화 현상과 거리를 두려 했다. 개신교 우파 세력에게 3·1절은 해방 후 처음 맞은 1946년 기념식 때부터 줄곧 좌익을 배척하는 정치가 작동하는 광장정치의 가장 중요한 무대였다.♦♦♦ 그런데 전광훈이 주도한 3·1절 구국기도회는 신자 동원에 연이어 실패했다. 이제까지 3·1절 구국기도회가 개신교 대중의 동원에 실패한 적은 없었는데, 2017년부터는 실패가 계속되고 있다. 보수 우파 성향으로 사회정치에 적극 가담해왔던 대형교회 목사들조차 신자 동원에 협조하지 않기 때문이다.

---

♦♦ 〈태극기세력 모으는 극우 개신교 "문재인은 간첩, 퇴진 운동 나선다"〉, 《오마이뉴스》, 2018.11.6.

♦♦♦ 김진호, 〈3·1절과 '태극기 집회': 잃어버린 민중의 기억〉, 《촛불의 눈으로 3·1운동을 보다》, 창비, 2019.

그것은 무엇보다도 이명박-박근혜 정권의 실패를 겪으면서 보수 우파 성향의 많은 교회들에 대한 극우의 구심력이 붕괴된 탓이다. 여기에 권력 게임에만 집착해온 한기총의 도덕성에 대한 불신이 덧붙여졌다. 한편 전광훈과 함께 구국기도회를 주도했던 김승규 장로♦가 '몸 사리는 목사들'을 향해 호통 친 말♦♦을 통해 추정해보면 신자들의 저항이 거셌기 때문이기도 하다. 보수 우파 성향이 강한 교회에서조차 신자 중 다수가 태극기집회보다는 촛불집회의 정당성에 동의하고 있었던 것이다.

국회에서 보수 우파가 지리멸렬해진 상황에서 '광장'에서는 극우의 재결집 현상이 일어났다. 그리고 그 중심에 전광훈이 있었다. 하지만 이는 광장정치가 보수대연합으로 이어질 수 없다는 것을 뜻했다. 또한 개신교 보수파의 주류를 끌어들일 여지가 매우 협소해졌음을 의미했다. 그리하여 '500만 국민 총궐기' 운운했던 대규모 광장정치 기획은 턱도 없이 실패했다. 이에 태극기집회의 중심 세력들은 새로운 기획에 착수했다. 광장에서 다시 국회로 활동 장소를 옮기는 것이었다.

2018년 가을, 태극기집회 참여자들 사이에서 '기획 입당' 이야기가 돌았다.♦♦♦ 그 무렵 자유한국당의 책임당원 수가 수

---

♦ 그는 국정원장과 법무부 장관을 지낸 극우 인사로, 원로 변호사이자 장로교회(분당할렐루야교회) 은퇴장로다.
♦♦ 〈전광훈 목사 3·1절 범국민대회에 한국교회 참여 촉구〉, 《크리스찬연합신문》, 2018.2.19.

만 명이나 급증했다. 이것을 전광훈이 주도했는지는 알 수 없다. 다만 정황상 관련이 깊어 보인다. 앞서 언급했듯이 태극기집회의 지도급 극우 인사들이 전광훈에게 힘을 실어주면서 촛불정치를 능가하는 국민 총궐기를 도모했지만, 개신교의 역할이 매우 부진했다. 하여 촛불정치에 버금가는 우파 대중 혁명의 꿈이 날아갔다. 이때 정당이라도 장악하자는 주장이 제기되었고, 그렇게 기획 입당의 필요성이 그들 사이에서 확산되었다.

그 직후인 2019년 초에 자유한국당 전당대회가 있었고, 그때부터 이 정당의 극우화 현상이 뚜렷해졌다. 국회는 광장정치처럼 변질되었다. 정당 간의 협상은 물밑대화조차 사라졌고, 막말로 표상되는 증오의 정치가 난무했다. 그것은 정치가 아니라 '반정치anti-politic'였다. 즉 정치를 사라지게 하는 정치가 광장이 아닌 국회에서 펼쳐졌다. 요컨대 극우적 광장정치의 중심에 전광훈이 있었지만, 그것을 국민 총궐기로 이끄는 데 실패한 그에게서 정당을 먼저 극우화하자는 제2안이 적극 추진되었을 것이라는 해석은 매우 그럴듯하다.

그런데 전당대회 직후 이 당의 지지율이 급상승했다. 어찌 된 것일까. 정치 공론장이 되어야 하는 국회는 실종되고 광장정치처럼 막말로 점철된 구호만 난무하게 된 것을 그렇게

◆◆◆ 〈내년 한국당 全大 노리고 '태극기 세력' 대거 입당?〉, 《국민일보》, 2018.11.4.

많은 국민들이 동조하고 있다는 것일까. 그런데 세밀하게 보면 다른 해석이 더 설득력이 있다.

알다시피 체감되는 경제 상황은 매우 좋지 않다. 전 정권보다 더 나빠진 건지 그대로인지는 판단이 쉽지 않지만, 현 정권에 대한 기대감이 욕구의 상승을 부추겼다는 점에서 경제가 더 악화된 것으로 느끼는 것은 당연한 일이다. 그런데 현실의 좌절된 욕구를 미래의 기대가 덮었다. 급진전되는 한반도 평화 프로세스는 국민에게 민족이나 민주의 관점보다는 '탈냉전의 경제학'으로 다가왔다. 하지만 자유한국당 전당대회와 같은 날 하노이 북미 정상회담 실패 소식이 전해졌다.

2019년 6월 말에 실시된 한 여론조사♦에 따르면 자유한국당에서 이탈한 보수층 상당수가 현 정권의 대북 정책을 지지하여 중도 성향을 보였는데, 하노이 정상회담 결렬 이후 그들 중 일부가 이념적 보수로 회귀하는 현상이 나타났다. 그렇다면 자유한국당 지지율의 급상승은 하노이 정상회담 실패가 더 크게 작용했는지도 모른다. 하지만 자유한국당의 당권을 장악한 극우 세력은 그것을 자신들의 성공이라고 믿었다.

♦ 《한국일보》가 창간 65주년을 맞아 한국리서치에 의뢰해 6월 3~4일에 실시한 여론조사.

대형교회와 웰빙보수주의

## 촛불정치는
## 아직도 계속되고 있다

이제 하노이 회담 효과도 사라졌고 다시 정치가 마비된 국회에 대한 국민의 분노가 증폭되고 있다. 그런 즈음에 전광훈의 막말이 있었다. 그에게 이런 말은 어제오늘의 일이 아닌데, 또 그렇게 막말을 한 이가 그만은 아닌데, 새삼 '공공의 적'처럼 간주되어 모든 비난의 화살이 그에게 퍼부어졌다. 이는 국회의 이 모든 반정치적 사태의 배후에 개신교가 있다는 사회적 혐의와 관련이 있다.

하여 진보적 개신교 그룹은 말할 것도 없고, 보수 세력들도 전광훈과 거리 두기를 하고 있다. 한기총에 남아 있던 마지막 교단들인 기하성과 기독교한국침례회도 사실상 이탈했다. 즉 전광훈 효과는 결국 극우의 위기로, 그리고 개신교 극우의 왜소화로 돌아왔다.

2019년 말 극우적 광장집회에서 많은 개신교계 대중이 전광훈에게 기부금을 내는 일이 벌어졌다. 이는 극우적 대중정치에서 그의 위상이 크게 높아졌음을 시사하는 것이지만, 동시에 그런 집회에 참여하는 것에 대해 교회들이 소극적이라는 것을 방증하는 것이기도 하다. 과거에는 극우 반공주의적 발언을 서슴지 않았던 많은 목사들이 최근 침묵을 지키자, 교회 내의 일부 반공주의 성향 신자들이 독자적으로 집회에 참여하면서 전광훈에게 헌금하게 된 것이다. 이들 목사들이 소극적인 태도로 돌변한 이유는, 추정컨대, 교회 내의 분위기 때문이다. 일부 신자들은 극우적 대중정치에 적극적으로 반대 의사를 표명했고 다수의 신자들은 이런 일로 교회가 시끄러워지기를 원하지 않았다. 이런 상황을 눈치챈 목사들이 정치 발언을 자제하게 된 것으로 보인다. 그리고 이에 실망한 일부 극우 성향 신자들이 독자적으로 거리로 나와서 헌금 행위를 한 것이다.

이러한 현상은 극우적 대중정치가 보수주의 성향이 강한 개신교 내에서조차 지지를 받지 못하고 있다는 것을 시사한다. 이념이 중요한 것이 아니라 권력을 남용하는 이들에 대한 적폐 청산이 더 중요하다는, 그런 정치적 공론의 장을 만들어야 한다는 촛불정치의 정신이 국민들 다수, 그리고 개신교 신자들 다수의 머릿속에 여전히 남아 있기 때문일 것이다. 하여 우리에겐 아직 기회가 있다.

# 신천지 현상을 읽다

### 신천지와 한국 교회, 적대적 공생

## 아찔한 상상

2020년 2월 18일, 31번 확진자(이하 31번)의 등장은 코로나19 사태의 결정적 변곡점이었다. 1월 20일부터 하루에 1명, 많아야 5명에 불과했던 확진자가 31번의 등장을 계기로 속출하기 시작했다. 이튿날 30여 명의 신규 확진자가 나왔고, 22일 200명대, 27일 400명대, 그리고 29일에는 가장 많은 909명의 확진자가 나왔다. 게다가 31번은 대구·경북 지역 최초의 확진자였는데, 그의 등장 이후 이 지역에서 신규 확진자가 집중적으로 발견되었다. 3월 1일 정부 발표에 의하면 대구 지역 확진자의 비율이 전국의 72%, 경북까지 포함하면 87%나 된다. 이는 감염이 일어나는 주요 장소의 추적이 더 이상 불가능한 단계, 즉 '지역사회 감염'의 경고등이 켜진 셈이었다.

이에 일부 언론들이 섣부르게 31번을 슈퍼전파자로 지목했다.♦ 하지만 그것은 개연성이 매우 낮은 추정이다. 우선 그는 중국 우한시를 포함해 외국을 다녀온 이력이 아예 없기에 최초 전파자는 아닐 가능성이 크다. 또 1~30번 확진자들과 접촉한 이력도 확인된 바 없으니, 타 지역에서 감염되어 대구·경북 지역을 감염시킨 이도 아닐 가능성이 크다. 그리고 대구·경북 지역의 다른 확진자들과 접촉한 흔적도 발견되지 않았다.

설사 그가 많은 사람을 감염시킨 슈퍼전파자라고 해도 방역 목적이 아닌 용도로 이 용어를 공공연히 사용하는 것은 심각한 인권 문제를 유발할 수 있다.♦♦ 실제로 일부 대중매체가 31번을 아무 근거도 없이 슈퍼전파자로 지목할 무렵 그와 그의 가족의 신상이 온라인에 공개되는 인터넷 테러가 발생했다. 또 청와대 국민청원 사이트에 수천 명이 31번의 처벌을 요청했다. 심지어 인터넷 공간에서는 그를 사형시키라는 주장

---

♦ 〈31번째 환자→11명 감염…'슈퍼전파' 우려 현실화됐다〉, 《동아일보》, 2020. 2.19.(http://www.donga.com/news/article/all/20200219/99773427/1) 슈퍼전파자(super spreader)는 명확한 기준도 없고 전문적인 의학 용어도 아니지만, 통상 감염병의 평균 전파 속도를 넘는 전파자를 지칭한다. 대략 5명 이상을 감염시킨 이를 가리킬 때 편의상 이 용어를 사용하곤 한다.

♦♦ 20세기 초 메리 맬런이라는 아일랜드계 미국 이민자 여성은 가정 요리사로서 51명을 감염시킨 무증상 감염자였는데, 그는 한 황색신문에 의해 '장티푸스 메리'로 낙인찍혔고, 사회로부터 온갖 모욕을 겪었으며, 사망할 때까지 26년간 강제 구금되어 있었다. 수전 캠벨 바톨레티, 《위험한 요리사 메리: 마녀라 불린 요리사 '장티푸스 메리' 이야기》, 돌베개, 2018.

이 등장하기도 했다.

한데 31번을 포함한 대구·경북 지역 확진자들을 조사해 보니 그들 대다수의 동선이 수렴되는 하나의 장소가 발견되었다. 바로 '신천지 대구교회'다. 이제 이 교회가 대구·경북 지역 감염의 주된 발생 장소일 가능성이 매우 커졌다. 이에 정부는 신천지 측의 불성실한 협조에도 불구하고 전국의 신천지 신자 24만여 명의 감염 상태를 조사했다.◆◆◆ 3월 3일 정부 발표에 의하면, 신천지 대구교회 신자 중 62%의 확진자가 나왔으며, 타 지역 신천지 신자들은 1.7%가 양성 반응을 나타냈다.

그렇다면 슈퍼전파자는 특정 개인이 아니라 신천지 대구교회라고 하는 게 적합할 것이다. 정부는 그런 가정 아래 이 교회를 집중적으로 관리하면서 방역 전략을 실행에 옮겼고, 그 결과는 놀라웠다. 감염병 대응 매뉴얼의 최고 단계인 심각 단계를 발령한 2월 23일 이후 20일 만인 3월 15일 하루 확진자가 100명 이하로 떨어졌다. 그리고 잠시 100명 선을 오르락내리락하다가 다시 지속적으로 하락하여 4월 19일에 10명 이

---

◆◆◆ 대구교회만을 조사하지 않고 전국의 신천지 신자를 조사한 것은 이 종단이 중앙집권적 성격이 강하고 전국 네트워크가 잘 활성화되었기 때문이다. 신천지 종단은 2019년 말에 신자 규모가 30만 명을 넘어섰다고 공공연히 주장한 바 있다. 하지만 신자들에게 전도를 의무화시킨 신천지 특유의 성과주의 탓에, 30만명 신자 중에 허수가 적잖이 포함되었을 가능성이 있다. 이 허수를 제외하면 신천지 신자의 실제 규모는 24만 명 정도가 되지 않을까 추정된다.

하로 내려갔다. 이제 첫 번째 감염 사태는 끝이 보이고 있다.

그런데 신천지 대구교회가 압도적인 슈퍼전파자일 가능성이 매우 높다고 해도, 그 교회와 신자들에 대한 낙인찍기 또한 여전히 위험한 일이다. 이 용어가 방역을 위해 필요한 편의적 용례를 초과하여 활용될 때 혐오주의가 부추겨질 수 있기 때문이다.

역사적으로 감염병의 공포는 혐오주의를 낳거나 이미 존재하는 혐오주의를 부추기는 결정적인 요인이 되어왔다. 14세기부터 300년간 유럽을 휩쓸었던 흑사병은 유대인, 집시, 나병 환자, 매춘 여성, 장애인 등 사회적 소수자들을 향한 혐오주의와 대량학살을 불러일으킨 주된 요인이었다. 19세기 영국을 강타한 콜레라에 대한 공포는 아일랜드계 이주노동자에 대한 혐오주의로 이어졌다. 20세기의 질병인 에이즈 또한 성소수자나 아프리카인에 대한 혐오주의와 결합되어 활용되었다. 그리고 21세기에 등장한 코로나바이러스 계열 감염병들인 사스(SARS, 중증급성호흡기증후군)와 메르스(MERS, 중동호흡기증후군) 등은 동·서아시아인에 대한 혐오주의로 나타났다.

이번 코로나19 사태의 경우도 유럽과 북미 등에서 혐오주의적 사건들이 다수 발생하고 있는데, 앞으로 훨씬 더 심해질 것으로 우려되고 있다. 질병의 공포가 전 세계를 향해 거칠게 덮쳐오고 있고, 이것이 종종 혐오주의로 번안되어 누군가를 향한 공격 행위를 부추기는 악마의 유혹으로 작용할 가능성이 농후하다.

코로나19 사태를 대하는 한국의 방식에 대해 《워싱턴포스트》, 《로이터》, 《가디언》, BBC, 《타임스》, 《르몽드》, 《슈피겔》 등 세계 유수 언론들이 앞다투어 한국의 발전된 민주주의가 감염병 확산을 방지하는 데 유효했다는 분석을 내렸는데, 그것은 의학적 방역의 성공만을 지칭하는 것이 아니다. 공포와 증오의 확산을 억제하는 사회적 방역에도 유효했다는 뜻이 포함된다. 이것은 나아가, 신자유주의 시대를 맞아 확대일로에 있던 극우주의와 혐오주의 정치학에 대응하는 포스트코로나 시대의 정치학으로서, 진보의 어젠다로 활용되고 있다.

그렇지만 2월 중순부터 3월 중순 사이, 그 한 달간 한국 사회에서도 혐오주의가 위험 수위를 넘나들었다. 그중 가장 낙인찍힌 집단이 바로 신천지다. 지금 돌아보면 그것은 '아찔한 상상'이다. 하지만 혐오주의는 얼마든지 되살아날 가능성이 있으니, 아직 안심할 수는 없다. 하여 그 아찔했던 순간을 되짚어보면서 신천지를 향해 표출된 우리 사회의 혐오주의 현상과 그 배후에 대해 살펴볼 필요가 있다.

## 위험한 텍스트가 된
## 공론화

한국 사회에서 신천지라는 종단♦이 세간의 관심의 대상이 된 것은 MBC 〈PD수첩〉의 '신천지의 수상한 비밀'(2007.5.8.)이

방영된 이후다. 이 방송 프로그램은 신천지 교주 이만희의 부조리한 행각과 이 종단의 반사회성에 초점을 맞추었는데, 신천지 현상에 대한 첫 번째 사회적 공론화라고 할 수 있다.

이 방영물의 소스는 주로 신천지에 빠져든 이들의 가족이나 신천지에서 이탈한 이들로부터 나온 것이다. 이렇게 피해자-사회 고발 프로그램으로 이어지는 담론의 경로는 이 종단의 종교사회학적 현상에 대한 분석보다는 주로 이 종단의 부조리함에 대한 고발에 초점이 맞추어지도록 했다.

그 무렵 〈PD수첩〉 제작진에게 제보한 이들이 개신교 목사들에게도 도움을 청했는데, 이때 적극 반응한 개신교 인사들은 교회를 사역하는 현장 목회자들이었다. 한편 신천지의 공격적 선교에 피해를 입은 교회들도 있었다. 하여 피해자들의 제보를 접한 목사들이나 그 자신이 피해자인 목사들이 교단 차원의 대책을 요청하는 일이 2000년대 초부터 매우 빈번해졌다. 그리고 그것을 가장 민감하게 받아들이고 공론화한 교단 지도자들은 이른바 '이단사역자'들이었다.

개신교 신자들과 교회 목회자들 사이에서 신천지에 대한

---

♦ 나는 이 책에서 '종단'과 '교파'를 편의상 구분하여 사용했다. 가톨릭, 불교, 개신교 등을 분류하는 범주로 말할 때는 '종단(宗團)'이라는 표현을 썼고, 개신교 내의 장로교, 감리교, 성결교 등을 지칭할 때는 '교파(教派)'라는 용어를 썼다. 신천지의 경우에는 개신교 내 신흥 교파의 하나로 시작했지만, 오늘날 통일교나 천부교처럼 이단 논쟁을 거치면서 독자적인 종단으로 자리 잡았음을 강조하기 위해, 신천지에 종단이라는 명칭을 사용했다.

비판의 목소리가 왜 이 시기에 속출하게 되었을까? 이에 대한 가장 직접적인 대답은 신천지의 성장사 속에 들어 있다.

1984년 창립한 신천지는 1990년대 들어 신자 수가 1만 명에 육박하게 된다. 그런데 2000년대와 2010년대에 오면 거의 폭발이라고 할 만큼 엄청난 성장을 이룩한다. 아마도 이런 성장세는 여의도순복음교회를 제외하면 전 세계적으로도 괄목할 수준이다. 한데 여의도순복음교회가 '비신자의 신자화', 특히 '도시로 이주한 이농민의 대대적인 신자화'를 중심으로 초고속 성장을 이룩한 데 반해, 신천지는 주로 개신교 신자들을 대대적으로 유입시킴으로써 성공한 종단이다. 해서 신천지와 개신교 교회의 대립은 불가피했다. 특히 신천지가 초고속 성장세에 있던 2000년대 이후 이 문제가 급부상할 수밖에 없었다.

개신교는 1990년대 중반 이후 성장의 위기가 만성화되었다. 새 신자의 유입이 급격히 줄어든 반면 실망하여 떠돌이가 된 신자(실망신자)들이 크게 늘었다. 많은 떠돌이신자들이 다른 교회로 옮겨 가서 정착했고, 어떤 이들은 가톨릭이나 불교 같은 다른 종단으로 옮겨 정착했으며, 아니면 아예 비신자가 되었다. 혹은 계속 떠돌이신자로 살아가는 이들도 적잖았다. 이런 상황에서 교회 간에 성공과 실패가 엇갈렸다.

이렇게 제로섬 상황에서 벌어진 교회 간의 치열한 경쟁은 성공하지 못한 교회들과 그 사역자들에게는 너무나 큰 스트레스였다. 이 시기에 개신교의 많은 교회들, 특히 경쟁에서 뒤처진 교회들 사이에서 '이단' 담론이 먹혀들었다. 이것은 이 단사역자들의 활동 공간이 넓어졌다는 것을 뜻한다.♦

한데 실패의 위기에 빠지든 일부 교회들의 틈새에 신천지가 끼어들어 공격적 선교를 벌였다. 말했듯이 많은 신자들이 신천지로 종교적 이주를 했고, 심지어 교회 전체가 신천지의 영토가 되어버린 경우도 적지 않았다.

2008년 개신교 최대 교파의 하나인 대한예수교장로회 통합파 총회 산하에 이단사이비대책위원회가 발족했다. 이 기관은 매년 자료집을 발간했는데, 신천지는 매년 이 자료집의 중요한 부분을 장식했다. 다른 교단들도 사정은 비슷했다. 많은 교단들에서 이단사역자들의 활동이 크게 활성화되었다. 실패의 위기에 놓인 교회들이 바로 이 이단 담론의 적극적 소비자였다.

---

♦ 1950년대 중반 한경직 목사가 대한예수교장로회 총회장이자 한국 개신교의 절대적 위상을 지닌 지도자로 부상했을 때, 한경직 목사는 몇몇 소종파 운동들에 대한 이단몰이를 시작했다. 당시 급부상하고 있던 신흥 소종파 운동들이 교회에서 배척되었다. 그 무렵, 한국 교회에는 이른바 '이단'에 대한 각성이 확산되었고 제도화되었다. 그것은 이단사역자들의 활동 공간이 제도 내부에 안착하게 되었음을 뜻한다. 한데 1990년대 중반 어간부터 한국 개신교는 빠르게 중상위계층 중심의 종교로 담론상의 계층 이동이 본격화된다. 그것은 부흥사나 이단사역자에 대한 교회의 수요가 감소하는 원인이 된다. 하지만 바로 그 시기에 놀라운 신천지의 약진, 그리고 비슷한 소종파 집단들의 확산은 이단사역자들에게 새로운 활동 공간이 생겼음을 의미한다. 여기서 중요한 것은 이 시기에, 그러니까 개신교의 지배적 담론이 계층 상승하고 있던 바로 그 시기에 이단 시비에 걸릴 만한 소종파 종교집단들의 활동이 왜 활발해졌는가에 있다. 이 점은 이 글의 중요한 주제다.

신천지에 대한 교회적 공론화를 주도한 이들은 이단사역자들이었다. 이것은 신천지에 대한 교회적 담론에 특정한 경로의존성path dependence이 생겼다는 것을 의미한다. 이단사역자들은 교주의 부조리한 행각과 신천지 종단의 반사회적 특성 등 사회문제가 될 법한 요소들 모두를 교리의 문제로 환원해서 보려는 경향이 있다. 그리고 교리를 통해 이단이라는 '적'을 지목한다.

이단사역자들의 교리 이해는 간단히 말하면 '세대주의적 종말론'♦♦에 기반을 두고 있다. 한데 흥미롭게도 이단사역자들이 적으로 지목하는 대상도 거의 대부분 세대주의적 종말론자들이다. 그러니까 이단사역자들과 그들의 '적'들 간의 교리적 논점은 세대주의적 종말론 내에서의 해석 차이의 문제인 것이다.

이렇게 이단 프레임이 덧입혀지면 그 대상에 대한 체계적인 논의는 극도로 위축된다. 모든 논의는 찬반으로 환원되며, 찬반 프레임 밖의 논점은 모두 반대 의견으로 간주되고 만다. 이렇게 되면 그 현상에 대한 일체의 메타적이고 성찰적인 논의의 자리가 사라진다.

하지만 신천지의 성장세가 급가속 중이어서 마냥 간과할

---

♦♦ 세대주의적 종말론은 극단적인 알레고리적 성경 해석과 축자영감설을 신봉하면서 역사를 몇 개의 세대로 나누어 이해하는 신앙 양식을 가리킨다. 이런 신앙의 연장선상에서 극단적 세대주의자들은 시한부종말론에 빠져든다.

수만은 없는 주제였다. 교세가 커진 만큼 이 종단에 얽힌 부조리 사건의 파장은 커지게 마련이다. 게다가 이만희를 재림주로 받드는 신천지에 대하여 교리 문제를 이야기하지 않은 채 개신교 공론장에서 논지를 펴는 것은 누구에게도 쉽지 않은 문제다. 해서 개신교 공론장의 담론들은 〈PD수첩〉처럼 신천지의 부조리함과 반사회성을 고발하는 탐사보도 형식을 띠면서도, 이단사역자들에 의해 경로의존성이 구축된 신학적 담론이 이 탐사보도들을 포장하는 해석에 끼어든다.

여기에는 은연중 두 가지 전제가 깔려 있다. 하나는 이만희의 도덕적 부조리함과 그의 이단성이 불가분하게 연계되어 있다는 것이고, 다른 하나는 이만희의 부조리함 혹은 이단성을 신천지 신자 모두가 공유하고 있다는 것이다. 하지만 이 두 전제는 입증할 수 없다. 단지 그렇다고 가정할 뿐이다.

이 두 가지 전제는 '범주적 편견categorial prejudice'의 위험을 내포하고 있다.♦ 범주적 편견은 혐오주의를 작동시키는 사유의 메커니즘일 수 있기 때문에 위험한 담론 장치다. 가령 독일 지역에서 특히 널리 확산되었던 '정치적 종교historical religion'에 의하면 예수를 죽게 했던 고대 유대인의 악마적 불결함이 그 후손들에게 전염되어 현대의 모든 유대인은 악마의 숙주가

---

♦ '범주적 편견'이란 '여성은 이성적이지 않다', '유대인은 탐욕스럽다', '중국인은 더럽다'와 같이 여성, 유대인, 중국인에 대한 편견으로 그들 모두를 선험적으로 규정하는 태도를 말한다.

되어버렸다는 범주적 편견이 자리 잡고 있었다. 그것은 제1차 세계대전 패전 이후 극도의 경제난 상황에서 공격적 혐오주의를 부추기며 등장한 나치의 집권을 가능하게 했다. 하여 그 체제의 인종 학살극은 특별히 악한 심성을 가진 독일인들만 자행한 것이 아니라, 너무나 평범한 독일인들이 자발적으로 참여한 결과이기도 하다. 한나 아렌트는 이를 '악의 평범성 banality of evil'이라고 말했다.

물론 이단사역자들에 의해 경로의존성이 형성된 개신교의 신천지 담론에서 나치 시대 독일의 '정치적 종교'의 위험성을 연상하는 것은 너무 과민한 비판일 수 있다. 실제로 한국에서는 3월 중순 이후 코로나19의 확산이 잘 제어되면서 신천지 혐오주의가 수그러들었다. 그럼에도 이런 유형의 혐오주의는 언제든 되살아날 수 있고 혐오의 낙인을 찍을 대상을 찾기 위해 보이지 않는 곳에서 분주히 움직일 것이며, 가끔은 위험 수위를 넘나드는 담론으로 발전할 가능성을 배제할 수 없다.

아무튼 2016년 이후 개신교 내에서는 신천지에 대한 거대한 합의가 이루어진 것으로 보인다. 그해에 8부작과 특별대담으로 구성된 기독교방송CBS의 방대한 신천지 기획물이 방영되었고, 한국기독교총연합회, 한국기독교교회협의회, 한국교회연합 등 개신교를 대표하는 연합기관들도 신천지 반대를 공론화했다. 나아가 수많은 개신교계 언론들과 시민단체들도 앞다투어 신천지 비판 전선에 나섰다.

개신교의 이와 같은 총공세는 어느 정도 효력이 있었다.

개신교에서 신천지로 옮겨 가는 이들이 현저히 줄었다. 이에 신천지는 주요 선교 대상을 개신교 신자에서 교회 주변과 종교 안팎을 넘나드는 이른바 떠돌이신자들에게로 전환한 듯 보인다. 소종파 현상에 무관심하거나 관대했던 가톨릭에서 2017년 한국천주교 유사종교 대책위원회가 발족한 것은 그런 변화와 무관하지 않을 것이다.

한편 이 무렵 신천지의 팽창주의는 외국인에게도 눈을 돌리게 되는데, 이 역시 개신교의 총력 방어와 무관하지 않을 것이다. 한국에 들어온 외국계 이주노동자들이 신천지 포교운동의 새로운 타깃이 되었고, 아예 해외로 눈을 돌려 신천지의 국제화 현상이 본격화되기도 했다. 우한에 코로나19가 퍼져 나가기 시작하던 2019년까지 신천지 교회가 그곳에서 활동해 왔다는 홍콩 《사우스차이나 모닝포스트》의 기사♦가 말해주듯 이 말이다.

코로나19 사태 이후에는, 이제까지보다 족히 수백 배 이상 되는 엄청난 양의 신천지 해부와 그 부조리 및 문제적 신앙 양식을 다루는 담론들이 주류 미디어와 뉴미디어를 통해 널리 유통되고 있다. 코로나19 사태라는 초유의 재난 시기에 세계에서 가장 강력한 온라인 네트워크가 활성화된 한국에서

---

♦ Mimi Lau, "Coronavirus: secretive South Korean church linked to outbreak held meetings in Wuhan until December", *The South China Morning Post*, February 25, 2020. https://www.scmp.com/news/china/politics/article/3052322/coronavirus-secretive-south-korean-church-linked-outbreak-held

집단적인 비판 담론의 표적이 된 이 신흥 종단이 그것을 감당해낼 능력이 있는지는 두고 볼 일이다.

그런데 신천지의 운명이 어떻게 되든 그것은 그들의 과제다. 내가 주목하고자 하는 것은, 이 종단에 대한 그렇게 많은 공론화에도 불구하고, 그 현상에 대한 메타적 분석이 결여되어 있다는 사실이다. 특히 2000년대 이후 우리 사회의 변화에 대한 종교적 대응과 신천지의 엄청난 성공 사이에 있을지 모르는 연관성에 대해 질문해볼 필요가 있다.


## 신천지 현상에 대한
## 가설

1997년 외환 위기와 2008년 금융 위기를 거치면서 한국 사회는 신자유주의의 격랑에 급속히 빨려들어갔다. 그것이 수반하는 가장 중요한 의미 중 하나는 경쟁 사회의 치열함이 훨씬 더 가혹해졌다는 점이다. 그런 변화는 무수한 이들에게 깊은 마음의 병을 안겨주었다. 하여 상처받은 이를 향한 위안과 치유가 오늘의 종교에 부여된 사회적 요구의 주요 항목이 되었다. 그런데 교회는 과연 이에 부응하고 있을까.

여기서 기억할 것은, 이 시기에 신천지로 유입된 이들 중 다수가 개신교 신자라는 점이다. 또 사회경제적 수준이 열악한 이들이 매우 많았다. 코로나19의 집단 감염지로 대구의 저소득 여성 노동자를 위한 임대아파트인 한마음아파트에 입주한 이들 중 신천지 신자의 비율이 과하게 높다는 점은 그들의 사회경제적 특성을 단적으로 시사하고 있다. 이와 관련해서 참고할 것은, 종교사회학적으로 세대주의적 종말론은 현 사회에 대한 기대감이 매우 낮은 계층과 더 친화적이라는 점이다.

여기서 우리가 추정할 수 있는 것은, 2000년대 어간부터 한국 개신교에서 이탈한 이들 중 사회경제적으로 열악한 이들의 다수가 신천지로 이동했다는 것이다. 그것은 한국 교회가 경쟁 사회의 실패자들에게 이렇다 할 복음을 줄 게 없었기 때문이 아닐까. 그것은 이 시대를 실패자의 시선에서 읽어내지 못한 탓이기도 하지 않을까.

앞서 말했듯이, 이 시기에는 개신교 종단의 양적 성장이 거의 정체되어 있었다. 그럼에도 일부 교회는 큰 성공을 이룩했다. 이렇게 이 무렵 성공한 교회들의 유형을 나는 '후발대형교회'라고 부른다. 1990년대 중반 이후 급성장하여 대형교회의 대열에 진입한 교회들로, 지역적으로 강남권(강남·강동·분당)에 집중되어 있으며, 계층적으로 중상위계층 중심의 신앙 문화가 제도화된 곳이다.

이 교회의 신자들은 현존하는 세계의 전복을 꿈꾸는 세대주의적 종말론을 거의 수용하지 않는다. 또 여의도순복음교회처럼 기대할 게 없었던 이들이 인생 역전 드라마로 귀결되는 '축복론'적 종말론에 대해서도 부정적이다. 그들의 주된 관심은 현존하는 세계 안에서 그리스도인으로 산다는 것이 어떤 것인지를 묻는 데 있다. 즉 신이 맡겨준 풍요를, 예수라면 이렇게 관리했을까에 대해 묻는 것이다.

아무튼 1990년대 중반 이후 이런 후발대형교회적 신앙 양식이 더 잘 안착된 교회들로 많은 떠돌이신자들이 몰려들었다. 이에 다른 많은 교회들이 성공한 교회 모델을 광적으로 모방했다. 하지만 모방한 교회들 대부분은 성공하지 못했다. 왜냐하면 그 모델은 물적 자본과 인적 자본이 충분해야만 효력이 발생하는 자본 집약적 종교상품이기 때문이다. 한데 그런 모방이 교회 성장으로 이어지지 못했다는 점 외에, 또 다른 문제가 발생했다. 모방 과정에서 실패한 자들을 위한 복음의 정신이 망각되었던 것이다. 그 결과 가난한 신자들은 교회에서도 비존재가 되었고, 그들 중 일부는 무력감에 빠졌다.

이때 이런 교회들 내에서 두 가지 양상의 신앙 재활성화 운동이 일어났다. 첫째로, 이단사역자들의 신앙운동에 동화된 이들이 있었다. 이 신앙은 늘 '적을 향한 분노'를 부추긴다. 그 적은 다양하다. 동성애자, 빨갱이, 신천지 등이 '적'으로 낙인찍힌 대표적인 대상들이다. 이 현상의 한 부류가 전광훈 등이 이끄는 과잉 정치화된 극우주의적 개신교 신자들이다.

둘째는 신천지 같은 소종파 집단의 침공으로 나타났다. 무력감에 빠진 신자들을 신천지는 집중 공략했다. 하지만 처음에는 정체를 드러내지 않고 포교 대상의 약한 부분을 위로하는 방식으로 다가갔다. 신천지가 '모략전도'라고 부르는 포교 방식에는 이런 우회적 복음화 전략이 포함되어 있다. 그리고 신천지 활동에 본격 돌입하면 위로 대신 '칭찬의 전략'이 활용된다. 경쟁 사회에서 칭찬이라곤 거의 받아보지 못한 이들에게 주는 포상은 행위의 적극성을 강렬하게 불러일으킨다. 요컨대 신천지의 포교 및 양육 전략은 경쟁 사회의 실패자에게 최적화된 담론이다.

교회가 잊어버린 약한 자들을 향한 위로와 치유의 기능은 신천지에서 매우 잘 발달되어 있다. 그것이 2000년대 신천지의 광속 성장 비결이다. 신천지는 그 시대의 틈새를 가장 잘 활용한 종교였다.

하지만 신천지를 통해 재활성화된 신자들은 대체로 반사회적 행동주의가 강화되었다. 코로나19 사태에서 보여준 신천지 신자들의 사회적 공공성에 대한 무감각은 그것을 단적으로 보여준다. 그들은 이웃에게 피해를 주는 감염병의 숙주와 다름없었다.

코로나19 사태 이후 신천지는 적잖은 타격을 받았다. 그들이 이 위기를 어떻게 타개할지는 두고 볼 일이다. 공공성을 확대하는 개혁이 이루어질지, 더욱 반사회적인 집단으로 남을지는 알 수 없다. 하지만 우리의 관심은 신천지의 운명이 아니라 신천지 현상에 대한 우리의 성찰에 있다. 신천지 현상은 오늘 우리 사회와 교회가 잊어버린 것과 회복해야 할 것이 무엇인지를 증언하고 있다.